Schriften des

# NIKOLAUS VON KUES

in deutscher Übersetzung

Im Auftrag der
Heidelberger Akademie der Wissenschaften
herausgegeben von

ERNST HOFFMANN † · PAUL WILPERT †
und KARL BORMANN

Heft 23
Lateinisch-deutsche Parallelausgabe

NICOLAI DE CUSA

# Tu quis es ⟨De principio⟩

Ediderunt commentariisque illustraverunt
CAROLUS BORMANN
et
ADELAIDA DOROTHEA RIEMANN

IN AEDIBUS FELICIS MEINER
HAMBURGI

NIKOLAUS VON KUES

# Über den Ursprung

Neu übersetzt, eingeleitet
und mit Anmerkungen herausgegeben von

KARL BORMANN

Lateinisch – deutsch

FELIX MEINER VERLAG
HAMBURG

PHILOSOPHISCHE BIBLIOTHEK BAND 487

Der lateinische Text ist der Heidelberger Ausgabe entnommen: Nicolai de Cusa opera omnia, vol. X Opuscula II. Fasciculus 2. De deo unitrino principio. b. Tu quis es ⟨De principio⟩. Ediderunt commentariisque illustraverunt Carolus Bormann et Adelaida Dorothea Riemann, Hamburgi in aedibus Felicis Meiner MCMLXXXVIII. – Eine deutsche Übersetzung von Maria Feigl mit einem Vorwort und Erläuterungen von Josef Koch erschien 1948 zunächst bei F.H. Kerle, sodann ([2]1967) als Band 346 der Philosophischen Bibliothek (»Über den Ursprung«).

Die Deutsche Bibliothek – CIP-Einheitsaufnahme

*Nicolaus ⟨de Cusa⟩:*
Über den Ursprung : lateinisch-deutsch / Nikolaus von Kues. Neu übers., eingeleitet und mit Anm. hrsg. von Karl Bormann. - Hamburg : Meiner, 2001
(Schriften des Nikolaus von Kues in deutscher Übersetzung / Nicolaus de Cusa ; H. 23)
(Philosophische Bibliothek ; Bd. 487)
Einheitssacht.: De principio
ISBN 3-7873-1271-4

 Satz und Druck: Carstens, Schneverdingen. Bindung: Labove, Uelzen. Einbandgestaltung: Jens Peter Mardersteig. Werkdruckpapier: alterungsbeständig nach ANSI-Norm resp. DIN-ISO 9706, hergestellt aus 100 % chlorfrei gebleichtem Zellstoff. Printed in Germany.

# INHALT

# VORWORT

Die kleine Abhandlung ›De principio‹, entsprechend den Eingangsworten auch ›Tu quis es‹ genannt, wurde 1949 erstmals in deutscher Übersetzung vorgelegt; für die Übersetzung zeichnete Maria Feigl verantwortlich; Josef Koch wies in den Anmerkungen die enge Beziehung dieser Schrift zum Parmenides-Kommentar des Proclus nach. Übersetzung und Quellennachweise waren eine hervorragende Leistung; denn es stand nur eine Handschrift (Vaticanus Latinus 1245), dazu in schlechter Kopie, zur Verfügung, und vom Proclus-Kommentar gab es noch keine Ausgabe des lateinischen Textes – Nikolaus von Kues benutzte nie den griechischen Text, sondern immer die Übersetzung des Wilhelm von Moerbeke in seinem Handexemplar (codex Cusanus 186; den codex Vaticanus Latinus 3074 konsultierte er nicht in gleichem Maße, was durch die Randnotizen bewiesen ist; 620 Marginalnoten in der Kueser Handschrift stehen nämlich 20 im codex Vaticanus gegenüber) –, so daß Josef Koch auch für die Anfertigung der Anmerkungen auf die Handschrift angewiesen war. Aufgrund dessen kann die kommentierte Übersetzung von 1949 als eine wissenschaftliche Pionierleistung bezeichnet werden, der sowohl die kritische Ausgabe der Heidelberger Akademie der Wissenschaften (h X 2b) von 1988 als auch die hier präsentierte zweisprachige Ausgabe sehr viel verdanken.

Inzwischen liegen von ›De principio‹ – abgesehen von den Ausgaben Paris 1514 und Basel 1565 – drei Editionen des lateinischen Textes vor (vgl. h X 2b S. X): Nicolai de Cusa De principio ediderunt M. Feigl, H. Vaupel, P. Wilpert, Padua 1960 (nachlässig aus codex Vat. Lat. 1245 und codex Laurentianus Ashburnham 1374 gearbeitet); D. und W. Dupré, Nikolaus von Kues, Philosophisch-theologische Schriften II, Wien 1966, S. 211–265 (zweisprachig; benutzt wurde cod. Vat. Lat. 1245); die Heidelberger Ausgabe (C. Bormann, A. D. Riemann) beruht auf den drei heute bekannten Handschriften (zusätzlich zu den oben genannten Hss.: codex Toletanus bibliothecae capitularis 19–26).

Diese Edition und die in ihr von meiner Mitarbeiterin Dr. Heide Riemann gefertigten Quellen- und Parallelennachweise sind die Grundlage unserer zweisprachigen Ausgabe. Der Parmenides-Kommentar des Proclus wurde 1982–1985 kritisch ediert von Carlos Steel: Proclus, Commentaire sur le Parménide de Platon. Traduction de Guillaume de Moerbeke, tom. I–II, Leuven/Leiden 1982, 1985 (nach dieser Ausgabe wird zitiert, Band II enthält auch die Marginalien des Nikolaus zum Parmenides-Kommentar); diese Ausgabe gewährte für die Arbeit an den Quellennachweisen große Erleichterung. Erleichtert wurde die Arbeit auch dadurch, daß die Exzerpte und Randnoten des Nikolaus von Kues zur Theologia Platonis, zur Elementatio theologica und zum Parmenides-Kommentar des Proclus seit 1986 ediert sind: Cusanus-Texte III. Marginalien. 2. Proclus Latinus Die Exzerpte und Randnoten des Nikolaus von Kues zu den lateinischen Übersetzungen der Proclus-Schriften 2.1, Theologia Platonis – Elementatio theologica, hrsg. und erl. von Hans Gerhard Senger; 2.2, Expositio in Parmenidem Platonis, hrsg. von Karl Bormann, Heidelberg 1986 (die Marginalien werden mit der Angabe der Nummern zitiert).

# EINFÜHRUNG

Einheitslehre und konsequent hiermit verbunden negative und auch affirmative Theologie sind der Inhalt der kleinen Schrift des Nikolaus von Kues, die, weil ohne Titel überliefert, entsprechend dem einleitenden Bibelzitat[1] ›Tu quis es‹ genannt wird; Josef Koch und Maria Feigl[2] gaben ihr den Titel ›De principio – Über den Ursprung‹. Vollendet wurde ›Tu quis es‹ am 9. Juni 1459 in Rom[3]. Um eine Predigt, wie früher im Anschluß an die Pariser Ausgabe von 1514 angenommen wurde[4], handelt es sich wohl nicht, sondern um eine philosophisch-theologische Abhandlung – Philosophie aus reiner Vernunft gibt es bei Cusanus nicht –, geschrieben »zur Übung der Vernunft«[5], indessen nicht als einsame Meditation, sondern als Gespräch mit einem Freund und Schüler, der Fragen stellen und Einwände machen könnte, wie die mehrfach vorkommenden Anreden zeigen. Nach einer plausiblen Vermutung Josef Kochs[6] kann Petrus Balbus aus Pisa, der 1462 auf Wunsch des Cusanus die Theologia Platonis des Proclus lateinisch übersetzte, als Adressat in Betracht kommen. Genaueres wird vielleicht erst gesagt werden können, wenn die Acta Cusana (E. Meuthen, H. Hallauer) zum Jahr 1459 vorliegen.

Hauptquelle von ›Tu quis es‹ ist eindeutig Proclus' Kommentar zu Platos Parmenides, den Nikolaus von Kues in der Übersetzung des Wilhelm von Moerbeke mehrmals las. Er besaß zwei Handschriften der lateinischen Übersetzung: Codex Cusanus

[1] Jo 8, 25.

[2] Über den Ursprung, De principio, Heidelberg 1949, ²1967.

[3] Über Abfassungszeit, handschriftliche Überlieferung und gedruckte Ausgaben vgl. die Heidelberger Ausgabe: Nicolai de Cusa opera omnia X 2b, edd. Carolus Bormann et Adelaida Dorothea Riemann, Hamburg 1988.

[4] II 1 fol. 7r »Ex Sermone Tu quis es«.

[5] Tu quis es n. 1.

[6] Über den Ursprung S. 10–11.

186, der sein Handexemplar war, wie 620 jeweils am Rand geschriebene Anmerkungen bezeugen (sie sind zum großen Teil in den codex Lipsiensis, bibl. Civ. 27, übernommen), und codex Vaticanus 3074, den er dem Papst Nikolaus V. schenkte, was ihn aber nicht hinderte, zuvor 20 Randbemerkungen anzubringen[7]. Zum Parmenides-Kommentar des Proclus, insbesondere zur Übersetzung durch Wilhelm von Moerbeke, sei folgendes bemerkt: Der griechische Text liegt in den Ausgaben von Cousin und Stallbaum vor[8]. Bis 1987 gab es nur eine Übersetzung in eine moderne Sprache[9]; 1987 ($^{2}$1992) erschien die exzellente englische Übersetzung von Glenn R. Morrow und John M. Dillon[10]. Diese Übersetzung bietet wertvolle Emendationen des griechischen Textes, weil sie die lateinische Übersetzung des Wilhelm von Moerbeke benutzen konnte, die Cousin, Stallbaum und Chaignet unbekannt war; denn diese Übersetzung wurde erst in den zwanziger Jahren des zwanzigsten Jahrhunderts von Raymond Klibansky gefunden[11]. Der bedeutendste Teil der lateinischen Übersetzung, nämlich der nur in lateinischer Sprache erhaltene Schlußteil des Kommentars, wurde 1953 von Raymond Klibansky und Charlotte Labowsky ediert[12]. Der vollständige Text der lateinischen Übersetzung, solide konstituiert, erschien

[7] Zu den Randnotizen vgl. Cusanus-Texte III. 2.2, hrsg. von Karl Bormann, Heidelberg 1986.

[8] V. Cousin, Erstausgabe Paris 1821–1827; revidierte Ausgabe 1864, mehrere Nachdrucke Hildesheim/New York. Unter dem Aspekt der Kontinuität neuplatonischer Tradition ist der Hinweis vielleicht interessant, daß Cousin die Erstausgabe Hegel und Schelling widmete. Die Ausgabe von G. Stallbaum, Leipzig 1840 und öfter, beruht auf Cousins Ausgabe; gelegentlich beseitigte Stallbaum Cousins Konjekturen zugunsten der Handschriften. Eine Neuedition des Kommentars ist in Arbeit, hrsg. von Carlos Steel und Alain Segonds, Collection Budé.

[9] A. E. Chaignet, Paris 1900, ND Frankfurt a. M. 1962.

[10] Proclus' Commentary on Plato's Parmenides, Translated by Glenn R. Morrow (†) and John M. Dillon, Princeton 1987.

[11] Raymond Klibansky, Ein Proklosfund und seine Bedeutung, Heidelberg 1929.

[12] Plato Latinus III, London 1953.

1982–1985, herausgegeben von Carlos Steel[13]; dem zweiten Band sind die Randnotizen des Nikolaus von Kues[14] und die Exzerpte aus dem Timaeus-Kommentar, übersetzt durch Wilhelm von Moerbeke, beigegeben. – Was die Lateinkenntnisse des Nikolaus von Kues betrifft, so bestätigen einige Stellen von ›Tu quis es‹, was Cusanus in der Vorrede der ›Concordantia catholica‹ sagt: Die lateinische Sprache bereitete ihm große Schwierigkeiten; er hatte nie richtig Latein gelernt. Demzufolge darf man sich über grammatische und syntaktische Fehler sowie über bisweilen sehr harte Ellipsen nicht wundern.

Zum Inhalt: Ausgangspunkt der Erörterung ist eine aufgrund der lateinischen Übersetzung nicht nur von Cusanus mißverstandene Bibelstelle[15]: Tu quis es? Respondit eis Jesus: Principium qui et loquor vobis, »der Ursprung, der ich auch zu euch rede«. Der griechische Text ergibt etwas anderes: τὴν ἀρχήν, ὅ τι καὶ λαλῶ ὑμῖν »Überhaupt, was rede ich auch mit euch?« Daß τὴν ἀρχήν Femininum und Accusativ ist, wußte Cusanus unter Berufung auf Augustinus (In Joh. 38 n. 11, 9–15), vgl. Tu quis es n. 1: Est autem principium in Graeco feminini generis et in hoc loco accusativi casus. Hinc Augustinus exponit: Principium, qui et loquor vobis, me credite, ut non pereamini in peccatis vestris. Unmittelbar anschließend wird das erste Thema genannt: Primum igitur investigemus, si est principium. Bevor ich mich diesem Thema zuwende, sei auf eine weit verbreitete Meinung hingewiesen, für die paradigmatisch Walter Schulz, Der Gott der neuzeitlichen Metaphysik[16], genannt sei: »Cusanus ist nicht mehr von der ihm vorausgehenden Tradition zu deuten, <1> insofern er Gott nicht als für sich Seiendes ansetzt, <2> sondern ihn entsubstanzialisiert und <3> in wesenhaft unlösbaren Bezug zu Welt und Mensch setzt«. Hierzu sei folgendes bemerkt: 1) Daß Gott kein für sich Seiendes ist, sondern den Bereich der Seienden transzendiert, ist genuin platonische Tradition; für

[13] Band I: Leuven/Leiden, Band II Leuven.

[14] Cod. Cus. 186 und Vat. Lat. 3074.

[15] Jo 8, 25.

[16] 4. Aufl. 1957, S. 24.

Cusanus kommen als Quellen Proclus, Ps.-Dionys, Johannes Eriugena in Betracht. 2) Daß die Kategorie der Substanz auf Gott nicht angewendet werden kann, lehrt eindeutig Augustinus; zu vergleichen ist auch Boethius, De trinitate 4,14 Stewart-Rand: Nam cum dicimus »deus«, substantiam quidem significare videmur, sed eam quae est ultra substantiam. Noch klarer ist das von Proclus und Ps.-Dionys im Anschluß an Plato gesagt: Das höchste Prinzip ist überseiend und unerkennbar, die aristotelischen Kategorien und auch die sogenannten Kategorien der intelligiblen Welt (Seiendes, Bewegung, Ruhe, Selbigkeit, Andersheit) sind auf es nicht anwendbar. Das ist auch die Position des Cusanus: Gott ist jeder Erkenntnis entzogen; alles menschliche Streben nach Gotteserkenntnis gelangt nie an sein Ziel. 3) Wer im Hinblick auf Cusanus von einem wesenhaft unlösbaren Bezug Gottes zu Welt und Mensch spricht, präsentiert sein Unverständnis; das Verhältnis ist umgekehrt: Welt und Mensch stehen in »wesenhaft unlösbarem Bezug« zu Gott. Auf die Anwürfe Josef Kochs[17] gegen M. de Gandillac[18] einzugehen, erübrigt sich, weil die Kritikpunkte in der deutschen Übersetzung von 1953 entfallen; beibehalten hat M. de Gandillac mit Recht seine Auffassung, daß der cusanische Nachweis des höchsten Prinzips in ›Tu quis es‹ nicht auf ein aristotelisch-scholastisches Argumentationsschema zurückgeführt werden darf, was in der Übersetzung Feigl, Koch[19] trotz aller Hinweise auf Proclus geschieht.

Nunmehr sei das Argument des Cusanus für die Existenz einer von allem, was ist, verschiedenen Ursache der Seienden skizziert[20]. Das eigentliche Anliegen der Schrift ist indessen hiervon verschieden und theologischer Art: Wie ist die zweite innertrinitarische Person der Ursprung. Ausgangspunkt des Arguments ist der Begriff des per se subsistens (durch sich eigenständig) oder αὐθυπόστατον; das griechische Wort ist aus dem

[17] In den Anmerkungen der Übersetzung Feigl, Koch.
[18] La philosophie de Nicolas de Cues, Paris 1942.
[19] S. 17.
[20] Tu quis es n. 2–8.

Parmenides-Kommentar des Proclus übernommen, es findet sich an einer Anzahl von Stellen der lateinischen Übersetzung. Bei Proclus[21] bedeutet αὐθυπόστατον »selbst konstituiert«; ein αὐθυπόστατον determiniert und aktualisiert die in ihm angelegte Potentialität. Αὐθυπόστατα haben einen zweifachen Ursprung, nämlich von den ihnen übergeordneten Ursachen und von sich selbst, und bilden einen mittleren Bereich zwischen dem absoluten Einen, das jede Kausalität transzendiert, und den ἑτεροκίνητα, die verursacht sind, aber selbst nichts verursachen. Mit dem letzteren ist der ultimus effectus einer Reihe wesentlicher Ursachen gemeint, die durch Rangordnung, Abhängigkeit und Gleichzeitigkeit im Ursachesein ausgezeichnet sind, wie überhaupt »Ursächlichkeit« in diesem Zusammenhang ausschließlich die wesentlichen Ursachen betrifft. Weder das absolute Eine noch die stofflichen Dinge sind αὐθυπόστατα. Diese Theorie legte bereits Syrian, der Lehrer des Proclus, vor; auch Jamblich verwendet das Wort αὐθυπόστατον. Bei Nikolaus von Kues in ›Tu quis es‹ bedeutet per se subsistens sive authypostaton – in bewußter Abwendung von Proclus[22] – das uneingeschränkte Maximum des Überseienden, das jede Hinzufügung und jede Verminderung ausschließt und alles ist, was es sein kann und was sein kann (die Formulierung »omne quod esse potest« hat diesen Doppelsinn). Hiermit ist die Verbindung hergestellt zu dem aktual Unendlichen[23], das alles ist, was sein kann und was es sein kann. Dementsprechend wird das per se subsistens bestimmt: hoc est quod esse potest, es ist das, was es sein kann und was sein kann, wohingegen nichts Vergängliches (partibile, Teilbares) die Seinsfülle des per se subsistens haben kann. Das Vergängliche ist jedoch in diesem Kontext nicht von Belang. Cusanus beweist[24] die Unsichtbarkeit des per se subsistens, wobei »unsichtbar«, wie oft bei Plato und den Platonikern, synonym mit »nicht wahrnehmbar« ist: »Sichtbares Wirkendes

[21] El. theol. 40–51.

[22] Vgl. Tu quis es n. 24.

[23] Vgl. De docta ignorantia I.

[24] Tu quis es n. 3.

wirkt durch eine unsichtbare Kraft«; die folgenden Beispiele »das Feuer wirkt durch die Wärme und der Schnee durch die Kälte« stammen letztlich aus Platos Phaidon; für ›Tu quis es‹ entnahm Cusanus sie dem Parmenides-Kommentar des Proclus [25], wie die Marginalie 117 »agens incorporeum« beweist. Gemeint sind mit dem Beispiel nicht die vom Feuer ausgestrahlte Wärme oder die vom Schnee ausgehende Kälte, sondern die Ideen »Wärme« und »Kälte«, die das Feuer heiß und den Schnee kalt sein lassen. Daraus folgt, daß das eigentlich Wirkende jeweils die Idee ist, durch die das Veränderliche das ist, was es ist. Im per se subsistens sind Wirkendes und Bewirktes identisch[26]; in der lateinischen Übersetzung heißt der Text: »idem autem est faciens et factum generansque et genitum in authypostatis«, was Cusanus[27] nicht ganz wörtlich übernommen hat: »Sed in per se subsistente idem est faciens et factum, generans et genitum«. Das Ergebnis dieser Überlegung lautet: Das per se subsistens ist nicht wahrnehmbar. Hierbei wird[28] das per se subsistens so aufgefaßt, daß für es das Kontradiktionsprinzip nicht gilt: »Wenn Teilbares per se subsistens wäre, würde es zugleich existieren und nicht existieren, so wie wenn Warmes (calidum, nicht die Idee calor) sich selbst erwärmte und somit warm und nicht warm wäre, wenn es durch sich das wäre, was es ist«. Bei Proclus[29] ist ähnlich formuliert: »Kein Körper kann sich selbst zugleich als ganzen erwärmen und von sich selbst erwärmt werden; weil er nämlich warm wird, ist er noch nicht warm, weil er aber sich selbst erwärmt, hat er Wärme, und so wäre ein und dasselbe warm und nicht warm«. Unmittelbar vorher schließt Proclus die Selbstbewegung stofflicher Dinge aus und belegt das durch das Beispiel von »erwärmen und erwärmt werden«; bei Cusanus heißt es im Anschluß an das Beispiel: »So kann Teilbares auch nicht durch sich bewegt sein«.

[25] III, Steel 135, 45ff.
[26] So Proclus a.a.O.
[27] Tu quis es n.3.
[28] Tu quis es n.4.
[29] a.a.O., Steel 135, 56ff.

Was wurde bisher bewiesen? Bewiesen wurde 1., daß Teilbares oder Vergängliches nicht per se subsistens ist, 2. daß das per se subsistens nicht wahrnehmbar ist, 3. daß die Meinung, Teilbares oder Vergängliches könne per se subsistens sein, in sich widersprüchlich ist. Noch aber ist nicht bewiesen, daß es ein per se subsistens gibt; denn aus der Unmöglichkeit eines Teilbaren (= Veränderlichen), das durch sich selbst subsistiert, folgt nicht die Existenz eines per se subsistens. Nun erfolgt[30] der entscheidende Schritt des Arguments: »Wie also jede Bewegung von einer unbeweglichen Ursache stammt, so stammt auch jedes Teilbare von einer unteilbaren Ursache«. Gemeint ist mit causa immobilis et impartibilis nicht etwas, das der Erfahrungswelt angehört; was in unserer erfahrbaren Welt als »causa« bezeichnet wird, ist solches, das auf anderes einwirkt, weil es selbst in einer Ursachenreihe steht und Wirkungen von anderem aufnimmt; entfallen diese Einwirkungen, dann verliert es seine Ursächlichkeit[31]. Man hat angenommen[32], daß Cusanus sich »für den Nachweis der Existenz der unteilbaren Ursache des Teilbaren auf den aristotelischen Beweis der unbeweglichen Ursache für jede Bewegung« bezieht. Indessen besteht keine Notwendigkeit anzunehmen, daß Nikolaus sich jetzt von seinem Gewährsmann Proclus abwendet; die aristotelische Theorie vom unbewegten Beweger ist in unserem Kontext nur insofern von Belang, als die Platoniker den ersten unbewegten Beweger, der sich selbst denkt, als die νοῦς-Hypostase deuteten; das cusanische Argument für die Existenz der unteilbaren und unveränderlichen Ursache des Teilbaren und Veränderlichen ist dem Parmenides-Kommentar[33] entnommen, wie die Marginalien 116–121 beweisen. Cusanus argumentiert im Anschluß an die genannte Proclus-Stelle in folgender Weise: Alles, was das Sein von einem anderen hat, hat letztlich das Sein von dem, welches durch sich selbst, d.h. aufgrund seines eigenen Wesens, besteht. Dieses ist das per se sub-

[30] Tu quis es n. 5.
[31] Vgl. dazu Plato, Phaidros 245 c 5–7.
[32] Feigl, Koch S. 17.
[33] Steel 135, 40–136, 71.

sistens sive αὐθυπόστατον, das Cusanus als das höchste Prinzip versteht. Daß hier unter christlichem Einfluß eine Umdeutung des Proclus-Textes vorliegt, ist aufgrund der in diesem Zusammenhang[34] zitierten Bibelstellen offensichtlich: »Wer von euch kann mit seiner Sorge sein Leben auch nur um eine kleine Zeitspanne verlängern?« (Lc 12,25; übersetzt ist hier der griechische Text); »Weder wer pflanzt, ist etwas, noch wer begießt, sondern nur Gott, der das Wachstum verleiht« (1 Kor 3,7). Das Ergebnis der bisherigen Überlegungen heißt: Es gibt ein per se subsistens; dieses ist unendlich, ewig und Ursache der Welt; alles Begrenzte und Eingeschränkte ist »a causa seniore«, wie Cusanus im engen Anschluß an Proclus formuliert; der lateinische Proclus-Text heißt: »Oportet igitur mundum ex alia causa meliori esse ... mundus dependet ex causa aliqua seniore«[35]; die Randnotiz 121 hierzu heißt: »oportet mundum ex alia meliori causa esse et seniore«. Nachzuweisen ist nunmehr, daß es nur ein per se subsistens und somit nur einen Ursprung gibt. Nikolaus verwendet für dieses Argument zwei heterogene Quellen, nämlich 1. eine Bibelstelle, deren Deutung ein signifikantes Beispiel für spätmittelalterliche Bibelexegese ist, 2. Ausführungen des Proclus. Zu 1. sei der Text vorgelegt[36]: »Quod autem non sit nisi una omnium causa seu unum principium vel plura, dico secundum doctrinam Christi patere, qui ait unum esse necessarium; pluralitas quasi alteritas est turbativa, non necessaria. Proclus ubi supra hoc tali ostendit ratione: Si enim forent <etc>«. Die Formulierung »vel plura« scheint auf den ersten Blick sinnlos zu sein, sie wurde demgemäß im codex Toletanus und in den Drucken von 1514 und 1565 nicht übernommen; Feigl, Koch ignorieren sie ohne Anmerkung; Feigl, Vaupel, Wilpert tilgen sie. Sie ist indessen im Text zu belassen, 1. weil man nicht versuchen soll, das oft sehr holperige Latein des Cusanus zu glätten, und 2. weil es sich um eine Ellipse handelt, die für Cusanus typisch ist: Quod autem non sit nisi una omnium causa seu unum princi-

[34] Tu quis es n. 5.
[35] Steel 136, 68–71.
[36] Tu quis es n. 6, 1–4.

pium vel <quod non sint> plura. Zum Inhalt: Christus sagte: »Eines nur ist notwendig«; die von Cusanus herangezogene Bibelstelle (Lc 10, 41 f.) heißt: Martha, du machst dir viele Sorgen und kümmerst dich um vieles, »porro unum est necessarium«. Daß es in diesem Bibeltext nicht um das überseiende Eine Platos und der Platoniker geht, braucht nicht eigens bewiesen zu werden. Cusanus jedenfalls findet hier ein besonders wertvolles Zeugnis für die Einheitslehre. Zu 2.: Die unmittelbar anschließend gebotene Argumentation des Proclus ist folgende: Gäbe es mehrere erste Ursprünge, dann wären sie einander darin ähnlich, daß sie Ursprünge sind. Diese Ähnlichkeit müßte durch Teilhabe an einem einzigen ihnen übergeordneten Ursprung erklärt werden, und dieses Eine wäre dann oberster Ursprung. Nähme man hingegen mehrere Ursprünge an, die nicht an einem einzigen ihnen Übergeordneten partizipierten, dann ergäbe sich eine unsinnige Position; die mehreren Ursprünge wären nämlich einander wesentlich insofern ähnlich, weil sie nicht an einem ihnen Übergeordneten partizipierten, und zugleich wären sie einander unähnlich, weil sie nicht an *einem* Ursprung teilhätten. Mit der Unähnlichkeit wäre zugleich die Verschiedenheit der angenommenen ersten Ursprünge gegeben; und aufgrund dieser Verschiedenheit könnten sie nicht erste Ursprünge sein. Auf den entsprechenden Proclus-Text sei kurz hingewiesen: In Parmenidem II, Steel 87, 66–88, 12; die Randnotizen des Cusanus 43–47, vornehmlich die lange Notiz 45 haben ihre zum Teil wörtliche Entsprechung in ›Tu quis es‹ nr. 6. Das Ergebnis lautet: Es gibt nur einen durch sich selbst subsistierenden Ursprung; er ist das absolute Eine, durch das alles wirkliche und mögliche Seiende begründet ist[37]. Diese Einheitslehre, in ihren wesentlichen Teilen dem Proclus-Text entnommen, wird durch eine Bibelstelle (Dt 6, 4) gestützt[38]: »Audi Israel, dominus deus noster dominus unus est«; Cusanus legt sie in der Formulierung vor: »Audi Israel, deus tuus unus est«. Auf die Umgestaltung der Lehre des

[37] Tu quis es n. 7–8.
[38] Tu quis es n. 8, 19.

Proclus von den αὐθυπόστατα wurde bereits hingewiesen; gemäß Proclus ist das absolute Eine nicht αὐθυπόστατον.

Im folgenden Teil[39] wird nachgewiesen, daß Christus der Ursprung ist, »durch den alles erschaffen ist«, wie es im »Credo« der Messe heißt; in den Einzelheiten wird auf Proclus zurückgegriffen. Diese Partie sei jetzt charakterisiert.

Die dogmatische Ausgestaltung der christlichen Trinitätslehre ist wesentlich durch Porphyrius beeinflußt; zur Metaphysik des Porphyrius ist diesbezüglich der Turiner Parmenides-Kommentar zu konsultieren[40]. Indessen ist es nicht erforderlich, sich hier mit dieser Thematik zu befassen, weil Nikolaus derartige historische Kenntnisse nicht besaß und auch die entsprechenden Texte nicht kannte. Augustinus[41] erläutert die Trinität in folgender Weise: »Der Vater also ist Ursprung nicht vom Ursprung, der Sohn ist Ursprung vom Ursprung, und ich werde nicht bestreiten, daß der Heilige Geist, der von beiden ausgeht, Ursprung ist«. Cusanus bietet folgende Deutung[42]: Et non possumus negare, quin se intellegat, cum melius sit se intellegente »Und wir können nicht verneinen, daß es sich selbst erkennt, weil es das sich Erkennende transzendiert«; so muß die Übersetzung heißen, wenn Cusanus die Formulierung »non possumus negare quin« korrekt verwendete, und dann kann verwiesen werden auf Sermo I n. 8 »Deus se intellegens sive se concipiens, qui dicitur Deus Pater«, ferner auf Cribratio Alkorani n. 102 »Deus enim non potest dici ignorans se ipsum; si autem se intellegit« etc. und auf ähnliche Stellen. Dem steht indessen Tu quis es n. 9 der Nebensatz »cum melius sit se intellegente« entgegen, ferner Tu quis es n. 34,6: »ante ens non ens et ante intellectum non intellectus et generaliter ante omne effabile non effabile«. Allem Anschein nach verstand Cusanus »quin« in der Bedeutung »daß

[39] Tu quis es n. 9–40.

[40] Vgl. auch Pierre Hadot, Die Metaphysik des Porphyrios, in: Die Philosophie des Neuplatonismus (Wege der Forschung Bd. 186), hrsg. v. Clemens Zintzen, Darmstadt 1977, 208–237.

[41] Contra Maximinum II c. 17, PL 42, 784.

[42] Tu quis es n. 9.

nicht«; dann heißt der fragliche Satz: »Wir können auch nicht verneinen, daß es sich nicht erkennt, weil es das sich Erkennende transzendiert«. Die Randnotiz 396 im Codex Cusanus 186 heißt zwar »le unum deus et intellectus« und ist wörtlich aus Proclus entnommen, aber im Proclus-Text wird diese Aussage sofort eingeschränkt: »sed non propter le idem neque propter substantiam«. Dementsprechend ist hinzuweisen auf Proclus, In Parmenidem VII, Steel 457, 94–97: Der Intellekt ist dem Einen nachgeordnet; dazu Marginalie 578 »[...] intellectus post unum«; Proclus a. a. O. III, Steel 151, 90f.: Jenes Eine ist der Intelligenz vorgeordnet, dazu Marginalie 167: »unum ante intellegentiam«; Proclus a.a.O. VI, Steel 367, 75: Alles, was dem Einen abgesprochen wird, geht aus ihm hervor, dazu Marginalie 440: »omnia quae abnegantur ab uno, ex ipso procedunt«; Proclus a.a.O., Steel 366, 44: Das Eine ist Ursache von allem, dazu Marginalie 436: »unum causa totorum«. Noch ein Beleg sei geboten: Proclus a.a.O. VII, Steel 517, 43 (aus dem nur lateinisch erhaltenen Schlußteil des Kommentars): »Le unum nullum ens omnium causa est omnium«, die Marginalie 613 enthält den Text wörtlich, allerdings ohne den durch Wilhelm von Moerbeke verwendeten unlateinischen Artikel »le«. Hiermit dürfte wahrscheinlich gemacht sein, daß Tu quis es n. 9 »Et non possumus negare, quin se intellegat, cum melius sit se intellegente« heißt: »Und wir können nicht verneinen, daß es sich nicht erkennt, weil es das sich Erkennende transzendiert«. Ferner: Feigl, Koch übersetzen Tu quis es n. 9 »ratio« als »Idee« (et ideo rationem sui [...] seu logon de se generat); ratio ist indessen Übersetzung von λόγος (ratio vel sermo), vgl. Proclus In Parm. I, 715, 6 Cousin und die lateinische Übersetzung Steel 78, 32; Cusanus versteht »ratio vel sermo« als »Vernunft oder Wort« und verbindet es mit Jo 1, 1, vgl. Tu quis es n. 9, 4f.: »Et logon (*sic*) est consubstantiale verbum seu ratio [...] patris«, wozu das Credo der Messe zu vergleichen ist: »[...] genitum non factum, consubstantialem patri, per quem omnia facta sunt«. – (Tu quis es n. 10): »Und damit du diesbezüglich, daß der Sohn Ursprung ist, keine Bedenken hast, beachte, daß der Ursprung ewig ist, weil er Ursprung ist, und daß alles, was in der Ewigkeit geschaut wird, die Ewigkeit ist.

Dann siehst du, daß der Ursprung in der Ewigkeit nicht ohne das in der Ewigkeit aus dem Ursprung Entsprungene sein kann«. Ewigkeit wird im Anschluß an Boethius[43] bestimmt als tota simul essentia, »Wesenheit ganz zugleich«[44], was gemäß Cusanus bedeutet, daß Ewigkeit, Ewiges und Ursprung identisch sind. Hieraus ergibt sich des weiteren, daß »das Ewige gleich ewig wie die Ewigkeit« ist. Die weiteren Folgerungen heißen: »So ist auch das Entsprungene gleich ewig wie der Ursprung«[45]; »der Ursprung, der entsprungene Ursprung und das Entsprungene beider Ursprünge ist eine einzige Wesenheit der Ewigkeit, die Plato das Eine nennt«[46]. Daß »Ursprung, entsprungener Ursprung und das Entsprungene beider Ursprünge« als die innertrinitarischen Personen aufgefaßt werden, braucht nicht eigens nachgewiesen zu werden, auch nicht, daß Cusanus sich bei allen derartigen Überlegungen an das Glaubensbekenntnis hält. »Credo [...] in unum dominum Iesum Christum, consubstantialem patri, per quem omnia facta sunt [...] et in spiritum sanctum [...] qui ex patre filioque procedit«. In ›Tu quis es‹ geht es ihm primär um die Erläuterung der Worte »per quem omnia facta sunt«. Christus als zweite innertrinitarische Person ist Ursprung vom Ursprung, was nicht bedeutet, daß hiermit ein Rückschrit ins Unendliche (Ursprung vom Ursprung vom Ursprung ...) für legitim gehalten wird; vielmehr gibt es in der Ewigkeit den Ursprung des Ursprungs, und der entsprungene Ursprung ist mit dem Ursprung identisch, so wie das Ewige mit der Ewigkeit identisch ist[47]. Der entsprungene Ursprung ist »ewige Vernunft der Ewigkeit und alles dessen, was in der Ewigkeit eingefaltet wird«[48]; die ewige Vernunft ist Seinsgrund von allem, was sein kann und was ist. Der ewige Seinsgrund, der Logos oder das

[43] Cons. philos. 5 pr. 6, 9 Stewart – Rand: Aeternitas igitur est interminabilis vitae tota simul et perfecta possessio; hierzu vgl. Plotin, Enn. III 7, 3, 36.

[44] Tu quis es n. 10, 7.

[45] n. 10, 2.

[46] n. 11, 3–5.

[47] n. 12–15.

[48] n. 15.

»Wort«, spricht, d.h. offenbart sich in Christus, dem »Fleisch gewordenen Wort«, in der Reinheit des Ursprungs[49]; in allen vernunftbegabten Geschöpfen manifestiert er sich in abgestufter Weise. Christus ist Sohn Gottes, »Ursprung vom Ursprung und Licht vom Licht«[50].

Im folgenden Teil der Schrift[51] ist Cusanus mit dem Titel ›Authypostaton‹[52] und mit der Bezeichnung des Ursprungs als ›das Eine‹ befaßt; es ist selbstverständlich, daß er sich hierbei einerseits an Proclus anlehnt, andererseits sich von ihm distanziert. Christus als »das Wort Gottes«, durch das alles erschaffen ist, sagt[53]: »Dann werdet ihr wissen, daß ich bin«. »Nur das durch sich Eigenständige kann wahrhaft sagen: Ich bin«; woraus sich ergibt, daß dem Ursprung als der Ursache des Seienden der Titel ›Authypostaton‹ mit Recht beigelegt wird, denn wenn wir nicht begreifen, daß der durch sich eigenständige Ursprung ist, begreifen wir nicht, daß überhaupt etwas ist: »Wenn auch der Ursprung des Seienden nichts von den Seienden ist … können wir dennoch keinen Begriff von ihm bilden, wenn wir nicht begreifen, daß der Ursprung *ist*«[54]. Indessen handelt es sich hierbei um ungenaue Aussagen über den Bereich des Göttlichen, menschlichem Verständnis angemessen, was auch für die Aussagen des Evangeliums gilt, wenngleich diese genauer sind als alle anderen. Wenn das Eine an sich und absolut geschaut wird, ergibt sich das, was Plato[55] erkannte[56]: »Das Eine ist weder seiend noch nicht seiend, weder ist es noch besteht es, weder ist es eigenständig noch durch sich eigenständig noch Ursprung, sogar noch nicht einmal Eines. Sogar die Aussage ›das Eine ist Eines‹ wäre nicht angemessen, da die Copula ›ist‹ dem Einen nicht zukommen kann; und wenn man ohne Verwendung der

[49] n. 16.
[50] n. 17.
[51] n. 18–33.
[52] n. 18–25.
[53] Jo 8, 28.
[54] Tu quis es n. 18.
[55] Vgl. Parmenides 137c 4–142a 8.
[56] Tu quis es n. 19.

Copula sagte ›das Eine Eine‹, so wäre auch das keine angemessene Aussage, weil jede Aussage, die ohne Andersheit und Zweiheit nicht gemacht werden kann, dem Einen nicht zukommt«. Derartige Formulierungen sind nicht erst in der Spätphase des Cusanus anzutreffen, wenngleich nicht zu verkennen ist, daß er in ›De docta ignorantia‹ die Verbindung von Affirmation und Negation für die größtmögliche Annäherung an die absolute Wahrheit hielt[57]: »Es ist in höchster Weise wahr, daß das einfachhin Größte ist oder nicht ist oder ist und nicht ist oder weder ist noch nicht ist«; ›De coniecturis‹[58] hingegen zeigt bereits ein wenig Vertrautheit mit Proclus: Kontradiktorisch entgegengesetzte Aussagen über die absolute Einheit sind weder in der Weise wahr, daß man sie disjunktiv trennt noch kopulativ verbindet; die höchste Einheit ist über alles das erhaben. Zu der Aussage in ›Tu quis es‹, die der platonischen Lehre am meisten entspricht, gelangte Cusanus nicht durch die Lektüre der Übersetzung des platonischen ›Parmenides‹ (sein Exemplar dieser Übersetzung enthält keine Randbemerkungen von der Hand des Cusanus zur ersten Hypothesis), sondern durch das Studium des Parmenides-Kommentars, wie die Randnotizen 616–620 beweisen. Das absolute Eine, das über alles erhaben und nichts von allem ist, ist Ursache von allem[59], von ihm hat alles das Sein und die Benennbarkeit, und deshalb kommen ihm »alle Wörter, die irgend etwas bezeichnen, wahrer zu« als den Geschöpfen. Cusanus wendet sich mit dieser Aussage keineswegs von Proclus ab, vgl. Parmenides-Kommentar 633, 20 Cousin; die lateinische Übersetzung dieser Stelle heißt[60]: <ab uno> et multa entia et sunt entia et denominationem habent; das bei Proclus unmittelbar folgende genuin platonische Beispiel von der Idee als Grund des Seins und der Benennbarkeit der durch sie geprägten Einzeldinge ist offenbar Anlaß dafür, daß Cusanus sich nunmehr[61]

[57] Vg. De docta ign. I n.16.
[58] I n.21.
[59] Randnotiz 613 und Tu quis es n.20.
[60] Steel 15, 90.
[61] Tu quis es n.21.

unter Berufung auf Plato der Ideenlehre zuwendet; die Ideen sind Inhalte der göttlichen schöpferischen Vernunft, deren Erkennen Erschaffen ist, und diese göttliche Vernunft ist Christus als die zweite innertrinitarische Person[62], das ewige Urbild aller erschaffenen Dinge, in welchem alles das überzeitlich ewige, durch sich eigenständige Urbild selbst ist. Die Worte des ›Credo‹: »et ex patre natum ante omnia saecula« bestätigen dies; Christus als schöpferischer Intellekt ist das durch sich eigenständige ewige »ante«; »bevor die Welt wurde, wird das ›vor‹ geschaut und keinesfalls ein ›vor‹ vor dem ›vor‹«. Proclus nennt das absolut transzendente Eine nur deshalb Authypostaton, weil es die Ursache der durch sich eigenständigen Wesenheiten ist[63]; »hierin äußert er sich richtig, weil das Eine vor allem ist und alles transzendiert, wovon man bejahende oder verneinende Aussagen machen kann«, daß er aber eine Mehrheit von Wesenheiten annimmt, »die mit dem Einen gleich ewig sind, ausgenommen die drei Personen des Einen, das sagte er nicht richtig«. Wenn es aber drei Personen des Einen gibt, wie kann dann der Ursprung als das Eine bezeichnet werden? Der Name ›das Eine‹ kommt dem Ursprung nicht im eigentlichen Sinne zu; denn der Ursprung ist nicht zu benennen. Die Bezeichnungen ›Eines und Gutes‹ legen wir ihm bei, weil es nicht viele Ursprünge gibt und weil der Ursprung von allem das Eine und Gute ist, auf das sich das Verlangen aller Seienden richtet. Eines und Gutes sind in Gott als dem Ursprung nicht verschieden, sondern sie sind das absolute Eine selbst[64]. Mit diesen Ausführungen kommt Cusanus der platonischen Lehre recht nahe: Der nicht benennbare und nicht bestimmbare Ursprung aller wird ›Eines‹ genannt, weil er Ursache von allem ist; ›Gutes‹ heißt er deshalb, weil alles auf ihn hingeordnet ist und nach ihm strebt. Hiermit wird nichts Wesenhaftes über das absolute Eine ausgesagt; denn es ist unerkennbar[65]: »Weil die Seienden nach dem Sein verlangen, da es gut

[62] n.22–23.
[63] n.24–25.
[64] n.26.
[65] n.27–29.

ist, verlangen sie nach dem Einen, ohne das sie nicht sein können; was das aber ist, wonach sie verlangen, können sie nicht fassen«. Wir wissen nur, daß der Ursprung ist und daß er unerfaßbar ist. Das ist das Wissen des Nichtwissens, welches die Annäherung an das Unerfaßbare gewährt[66]. Dieses Ergebnis bildet die Grundlage für die Beurteilung philosophischer Lehren, eigens genannt werden Parmenides, Zeno, Melissus, Plato. Die Lehre des Parmenides vom einen Seienden – gemäß Proclus[67] handelt es sich um das seiende Eine – ergibt sich aus der Einsicht, daß Vielheit ohne Einheit nicht sein kann; er erkannte, daß in einem einzigen Seienden die gesamte Vielheit eingefaltet ist, d.h. er betrachtete »die gesamte Vielheit im Einen«[68]. Zeno hingegen berücksichtigte nicht das absolute Eine, sondern das Eine, an dem die Vielheit teilhat; »vor seinem Tod aber schloß er sich der Auffassung des Parmenides an, indem er die Vielheit im Einen gemäß ihrer Verursachung betrachtete«; mit »moriens« (vor seinem Tod, vgl. Randnotiz 4) übersetzt Wilhelm von Moerbeke τελευτῶν[69], das hier jedoch »letztlich, schließlich« bedeutet. – Einige[70] bestimmen die Zweiheit als Einheit und Vielheit zugleich; sie ist Einheit, insofern sie am Einen partizipiert, Vielheit ist sie als Ursache der Vielheit. »So verstehe ich das, was einige Philosophen sagten, die Zweiheit sei weder Einheit noch Vielheit«. Cusanus legt hier seine eigene Deutung eines Proclus-Textes[71] vor; Proclus[72] erklärt die Meinung, die Zweiheit sei weder Vielheit noch Einheit, als absurd; Cusanus deutet sie in der vorgelegten Weise, die von ihm zuerst vorgetragene Bestimmung der Zweiheit »als Einheit und Vielheit zugleich« ist die des Proclus[73]: »Jene sagten, die Zweiheit sei weder Vielheit noch

[66] n.29.
[67] In Parm. I, Steel 5, 71–73.74, 10–12. 77, 89f. 00f.
[68] Tu quis es n.30.
[69] 621, 12 Cousin.
[70] Tu quis es n.31.
[71] In Parm. I, Steel 76, 51–63.
[72] A.a.O. 76, 51–53.
[73] A.a.O. 76, 61–63.

Einheit, wir aber bestimmen sie als Einheit und Vielheit«. »Plato setzte, dem Einen nachgeordnet, zwei Prinzipien an, nämlich das Begrenzte und das Unbegrenzte«; das Begrenzte ist die begrenzende Form, welche die Unbegrenztheit bestimmt, was am Beispiel der natürlichen Zahlen erläutert wird[74]. Nicht dem Parmenides-Kommentar entnommen ist die Ausführung über Melissus[75], den Aristoteles als »Tölpel« bezeichnet. Melissus von Samos, der ein Schüler des Parmenides gewesen sein soll[76], bestimmte das eine Seiende als räumlich und zeitlich unendlich. »Die Aussage des Melissus ist keineswegs so sinnlos, wie sie entsprechend der Ablehnung durch Aristoteles ist; bei jeder Erwägung wird nämlich nur Unbegrenztheit gesehen, nämlich begrenzende Unbegrenztheit und begrenzbare Unbegrenztheit«; die begrenzende Unbegrenztheit ist Gott als die allmächtige Form, die alles aus dem Nichts, d.h. aus der begrenzbaren Unbegrenztheit, erschafft.

Im folgenden Teil[77] faßt Cusanus die Ergebnisse zusammen. Der eine Ursprung ist dreieinig und das Ewige, und die Welt ist durch ihn das, was sie ist. Die absolute Erhabenheit des Ursprungs als Ursache von allem bedeutet, daß er nichts von dem Erschaffenen ist; er ist weder Vieles noch Seiendes, weder Vernunft noch irgendwie benennbar. Jedes Verursachte ist in seiner Ursache wahrer als in sich selbst[78]; »deshalb ist die Bejahung in höherer Weise in der Verneinung, weil die Verneinung ihr Ursprung ist«[79]. Hinsichtlich des Ursprungs ergibt sich: »Das

[74] Tu quis es n. 32; vgl. Philebos 23 c; Quelle des Cusanus ist nicht Platos Philebos, sondern der Parmenides-Kommentar III, Steel 150, 49–151, 70; in den Randnotizen 162, 163 und 165 faßt Cusanus das Wichtigste zusammen.

[75] Tu quis es n. 33; vgl. hierzu Aristoteles, Met. 986 b 19–27; Phys. 186 a 6–22.

[76] Diog. La. 9, 24.

[77] Tu quis es n. 34–39.

[78] Vgl. hierzu Proclus In Parm. VII, Steel 420, 93–95 und die Randnotiz 542 des Cusanus: »[...] in causa esse est melius quam in se ipso«; gemeint ist selbstverständlich die causa per se et principalis.

[79] Tu quis es n. 34.

›nicht Seiende‹ wird als Ursprung des Seienden so vor dem Seienden geschaut, daß es vermittels des Zusammenfalls des Größten und des Kleinsten als hocherhaben geschaut wird«; der absolute Ursprung transzendiert den Seinsbereich, weil er »gleichermaßen am wenigsten und am meisten seiend ist«. Diese Koinzidenz der Gegensätze in Gott als dem Ursprung bedeutet also, daß er über alles Erschaffene in unendlicher Weise erhaben ist[80]. Die Konsequenz hiervon ist, daß keine Aussage, sei sie affirmativ oder negativ, bezüglich des Ursprungs zutrifft[81]; Gott ist unerkennbar und deshalb unbenennbar; selbst die Bezeichnungen ›Ursprung‹ oder ›Eines‹ können ihm nicht adäquat beigelegt werden[82]; denn was benannt werden kann, »setzt Andersheit und Vielheit voraus«. Alles Bemühen der menschlichen Vernunft, sich Gott irgendwie zu nähern, bleibt letztlich Nichtwissen, wenngleich das Wissen unserer Ignoranz ›docta ignorantia‹, belehrte Unwissenheit ist.

Für das Verhältnis der erschaffenen Seienden zum Ursprung ergibt sich, daß sie an ihm nicht in Gleichheit, sondern in Andersheit und Ähnlichkeit teilhaben. Der Ursprung als der Logos enthält in sich die unerschaffene Welt und ist die Wahrheit, während die erschaffene Welt nicht die Wahrheit, sondern deren Ähnlichkeit ist. Das wird durch den Vergleich des geistigen und des wahrnehmbaren Wortes dem Verständnis nähergebracht, des weiteren durch die Eins als den Ursprung der natürlichen Zahlen im Vergleich mit der Vielheit der Zahlen. Der absolute Ursprung ist über alle Vielheit und über alle einschränkbare Einheit erhaben[83].

Die Lehre der Platoniker vom Einen als dem Ursprung hat ihre Entsprechung in der vorchristlichen Religion[84]: »Die Plato-

[80] Vgl. Plato Politeia 509b 9.

[81] Vgl. hierzu Proclus In Parm., Steel 519, 98ff., dazu die Randnotiz 619: Plato simul mentiri dicit affirmationes et abnegationes in deo indicibili.

[82] Tu quis es n. 35.

[83] n. 38–39.

[84] n. 40.

niker glaubten, der eine Ursprung sei der allerhöchste Gott und König aller, und es gebe andere Götter, die an der Einheit zuerst unter allen Seienden teilhaben [...] Die Alten nannten ihn Juppiter«; weil sie alles auf das Eine zurückführten, sagten sie, »alles sei von Juppiter erfüllt«[85]. Gemäß dem christlichen Glauben gibt es indessen nur einen Gott »und den einen Herrn Jesus Christus, durch den alles ist und durch den wir sind« (1 Kor 8, 6). Er ist der Ursprung und das Wort des lebendigen Gottes (Apc 19, 13), durch das alles ist.

Karl Bormann, Köln

[85] Vgl. Vergil, Ecl. 3, 60 und die Randnotiz des Cusanus im Codex Harleianus 2480 fol. 100v: Jovis omnia plena virgilius, Mitteilungen und Forschungsbeiträge der Cusanus-Gesellschaft 3, 1963, 35.

NIKOLAUS VON KUES

# TU QUIS ES ⟨DE PRINCIPIO⟩
# ÜBER DEN URSPRUNG

# TU QUIS ES ⟨DE PRINCIPIO⟩

«Tu quis es? Respondit eis Iesus: Principium, qui et loquor vobis» 1
(Jo. 8,⟨25⟩).

Propositum est pro exercitatione intellectus de principio dei dono quaedam tangere. Est autem principium in Graeco feminini generis et in hoc loco accusativi casus. Hinc Augustinus exponit: Principium, qui et loquor vobis, me credite, ut non pereamini in peccatis vestris.

Primum igitur investigemus, si est principium. Plato, prout Proc- 2
lus in commentariis Parmenidis scribit, asseruit hunc mundum ex seniori causa in esse prodiisse, nam partibile non potest per se subsistere; quod enim per se subsistit, hoc est quod esse potest. Partibile autem, cum possit partiri, potest non esse. Unde cum, quantum est de se, possit partiri et non esse, patet quod non est per se subsistens sive authypostaton.

Item visibile agens agit per virtutem invisibilem, ut ignis per 3
calorem et nix per frigiditatem; et ita generaliter agens seu generans est invisibile. Sed in per se subsistente idem est faciens et factum, generans et genitum. Non est ergo visibile.

Item si divisibile foret per se subsistens, simul exsisteret et non 4
exsisteret, sicut si calidum per se hoc esset, quod est, tunc se calefaceret et ita esset calidum et non calidum. Quomodo enim se calefaceret, si non esset calidum, et quomodo esset actu calidum, quando se calefaceret? Sic et per se motum esse nequit.

Sicut igitur omnis motus est a causa inmobili, sic omne partibile 5
a causa impartibili. Corporalis autem iste visibilis mundus utique partibilis est naturae, cum corpus sit divisibile. Est igitur a seniori

# ÜBER DEN URSPRUNG

1 »Wer bist du? Jesus antwortete ihnen: Der Ursprung, der ich auch zu euch rede« (Jo. 8, <25>)[1].

Beabsichtigt ist, zur Übung der Vernunft mit Gottes Hilfe einiges über den Ursprung zu erwähnen. ›Ursprung‹ ist aber im Griechischen Femininum und an dieser Stelle Accusativ. Daher bietet Augustinus[2] die Deutung: Glaubt, daß ich der Ursprung bin, der ich auch zu euch rede, damit ihr nicht zugrunde geht in euren Sünden.

2 Zunächst also wollen wir untersuchen, ob es den Ursprung gibt. Wie Proclus[3] im Kommentar zum Parmenides schreibt, erklärte Plato, diese Welt sei aus einer höheren Ursache ins Sein hervorgegangen; denn das Teilbare kann nicht durch sich eigenständig sein; was nämlich durch sich eigenständig ist, ist das, was sein kann. Da Teilbares aber geteilt werden kann, kann es nicht sein. Weil es also seiner Natur nach geteilt werden und nicht sein kann, ist offenbar, daß es nicht durch sich eigenständig oder authypostaton[4] ist.

3 Ferner: Sichtbares Wirkendes wirkt durch eine unsichtbare Kraft, wie das Feuer durch die Wärme und der Schnee durch die Kälte; und so ist allgemein das Wirkende oder Erzeugende unsichtbar[5]. Aber in dem durch sich Eigenständigen ist Bewirkendes und Bewirktes, Erzeugendes und Erzeugtes dasselbe. Es ist also nicht sichtbar.

4 Ferner: Wenn Teilbares durch sich eigenständig wäre, würde es zugleich existieren und nicht existieren, so wie wenn Warmes durch sich das wäre, was es ist, es sich dann selbst erwärmte und somit warm und nicht warm wäre. Wie würde es sich nämlich erwärmen, wenn es nicht warm wäre, und wie wäre es tatsächlich warm, wenn es sich noch erwärmte? So kann Teilbares auch nicht durch sich bewegt sein.

5 Wie also jede Bewegung von einer unbeweglichen Ursache stammt[6], so stammt auch jedes Teilbare von einer unteilbaren Ursache. Diese körperliche, sichtbare Welt aber ist durchaus teil-

impartibili causa. Hoc exprimit salvator noster, quando dicebat: «Quis vestrum cogitans potest adicere ad staturam suam cubitum unum?» (Luc. 12,⟨25⟩). Qui enim est a causa, ille non potest adicere, ut esse suum sit maius; sed ille dat incrementum, qui dedit et esse, scilicet deus. Sic Paulus ait (I Cor. 3,⟨7⟩): «Neque qui plantat est aliquid aut qui rigat, sed qui incrementum dat, deus». Patet ex his quod solum infinitum et aeternum est authypostaton sive per se exsistens, cum illud solum sit impartibile et cui nihil adici potest. Omni autem finito addi vel subtrahi posse non repugnat. Non est igitur authypostaton seu per se subsistens, sed a causa seniore.

**6** Quod autem non sit nisi una omnium causa seu unum principium vel plura, dico secundum doctrinam Christi patere, qui ait unum esse necessarium; pluralitas quasi alteritas est turbativa, non necessaria. Proclus ubi supra hoc tali ostendit ratione: Si enim forent plura principia, utique in eo uno similia forent, quia principia; uno igitur participarent. Participatum utique prius participantibus. Non igitur plura forent principia, sed unum ante multitudinem. Etiam si diceres plura principia sine participatione unius, sermo ille se ipsum interimeret; nam illa plura forent utique similia in eo, quia non participarent uno, et etiam in eo dissimilia, quia non participarent uno. Similia enim sunt, quae uno participant, dissimilia igitur, quae uno non participant. Patet igitur non esse possibile quod plura sint principia.

**7** Eadem ratione patet non plura esse entia ab uno deserta. Quando enim non participarent uno, forent simul et semel et secundum idem

barer Natur, weil der Körper teilbar ist. Sie stammt also von einer höheren, unteilbaren Ursache. Das bringt unser Erlöser zum Ausdruck, als er sagte: »Wer von euch kann durch seine Überlegungen seiner Leibesgröße eine einzige Elle hinzufügen?« (Lc 12, <25>). Wer nämlich von einer Ursache stammt, kann durch Hinzufügung nicht bewirken, daß sein Sein größer ist; vielmehr verleiht jener das Wachstum, der auch das Sein verlieh, nämlich Gott. So sagt Paulus (1 Kor 3, <7>): »Weder wer pflanzt, ist etwas, noch wer begießt, sondern der, der das Wachstum verleiht, Gott«. Hieraus ist offenbar, daß nur Unendliches und Ewiges authypostaton oder durch sich existierend ist, weil dieses allein unteilbar ist und ihm nichts hinzugefügt werden kann. Mit jedem Endlichen aber ist die Möglichkeit der Hinzufügung oder der Verkleinerung vereinbar. Es ist also nicht authypostaton oder durch sich eigenständig, sondern stammt von einer höheren Ursache.

6 Daß es aber für alles nur eine einzige Ursache, einen einzigen Ursprung oder <daß es nicht>[7] mehr gibt, ist – sage ich – gemäß der Lehre Christi offenbar, der sagt: »Eines nur ist notwendig«<Lc 10, 42>; Vielheit, gleichsam als Andersheit, ist verwirrend, aber nicht notwendig. Proclus[8] zeigt das an der oben angegebenen Stelle mit folgendem Beweis: Wenn es nämlich mehr Ursprünge gäbe, wären sie jedenfalls darin dem Einen insofern ähnlich, weil sie Ursprünge wären; sie würden also am Einen teilhaben. Das Partizipierte ist in jedem Falle den Partizipierenden übergeordnet. Es gäbe also keine Mehrheit von Ursprüngen, sondern einen einzigen vor der Vielheit. Auch wenn man sagte, es gäbe eine Mehrheit von Ursprüngen, ohne daß sie am Einen teilhätten, höbe diese Aussage sich selbst auf; denn diese vielen Ursprünge wären jedenfalls darin einander ähnlich, daß sie nicht am Einen teilhätten, und auch wären sie darin unähnlich, daß sie nicht am Einen teilhätten. Ähnlich sind nämlich die, welche an Einem teilhaben, unähnlich also sind die, welche nicht an Einem teilhaben. Offenbar ist es also unmöglich, daß es eine Mehrheit von Ursprüngen gibt.

7 Aus demselben Grund ist offenbar, daß es, abgetrennt vom Einen, keine Mehrheit von Seienden gibt. Weil sie nämlich nicht

similia et dissimilia. Et haec est Zenonis subtilis hypothesis, qui aiebat: Si plura quae entia, simile est dissimile. Quam hypothesim Proclus, ut praemisi, explanat. Unde subtiliter consideranti non est nisi unum necessarium, quo deserto ratio concludit nihil esse posse. Cum igitur ad necessitatem essendi respicimus, Parmenidem verum dixisse videmus, scilicet non esse nisi unum, quemadmodum et Christus unum dixit necessarium. In multis igitur non videtur nisi turbatio et difformis infinitas seu interminatio, nisi unum in multitudine videatur.

**8** Arbitror autem Christum ipsum unum nominasse necessarium, quia omnia necessitantur seu uniuntur sive constringuntur, ut sint, et dum sunt, ne defluant in nihil. Quaedam autem, ut sint, uniuntur, quaedam vero magis uniuntur, ut sint et vivant; adhuc strictius uniuntur quaedam, ut sint, vivant et intelligant. Experimur enim animam magis unitam quam corpus; nam ipsa in vitam suam unit suum corpus ab ea factum et tenet ipsum, ne defluat. Videmus etiam ab unione virtutem generari; nam quanto unio est strictior, tanto virtus fortior. Unde quanto essentia est magis unita, tanto maioris virtutis. Ideo infinita et simpliciter maxima unio, quae est et unitas, est infiniti vigoris. Et ideo haec unitas, quae unum absolutum per Platonem nominatur, nisi adesset possibilitati essendi, non esset possibilitas sive materia essendi. Unde ens in potentia non est ens; tamen, ut in potentia videtur, non videtur absque participatione unitatis, cum non sit nihil. Est autem nihil aut penitus defluxum aut nequaquam, ut esse possit, necessitatum seu constrictum. Et ita ante ens in potentia et actu ens videtur unum, sine quo neutrum esse

am Einen teilhätten, wären sie zugleich, ein für allemal und in derselben Hinsicht ähnlich und unähnlich. Und das ist Zenos[9] scharfsinnige grundlegende Aussage; er sagte: Wenn es eine Mehrheit von Seienden gibt, ist das Ähnliche unähnlich. Diese grundlegende Aussage erläutert Proclus[10], wie ich vorhin dargelegt habe. Daher ist für den, der scharfsinnig überlegt, nur Eines notwendig; ist dieses aufgehoben, dann ergibt sich aus der Argumentation, daß nichts sein kann. Im Hinblick also auf die Notwendigkeit des Seins sehen wir, daß Parmenides[11] Wahres sagte, nämlich daß es nur Eines gibt, wie auch Christus[12] sagte, nur Eines sei notwendig. In dem Vielen wird also nur Verwirrung, formlose Unendlichkeit oder Unbestimmtheit gesehen, wenn nicht das Eine in der Vielheit gesehen wird.

8 Ich glaube aber, daß Christus das Eine selbst als notwendig benannt hat, weil alles durch es[13] Notwendigkeit oder Einheit oder Begründung erlangt, daß es ist, und nicht ins Nichts zerfließt[14], während es ist. Einiges aber erlangt soviel Einheit, daß es ist, anderes aber erlangt mehr Einheit, so daß es ist und lebt; noch straffere Einheit erhält anderes, so daß es ist, lebt und erkennt[15]. Wir erfahren nämlich, daß die Seele in höherem Maße geeint ist als der Leib; denn sie erhebt den von ihr gebildeten Leib in die Einheit ihres Lebens und bewahrt ihn, damit er nicht vergeht. Wir sehen auch, daß von der Einung Kraft erzeugt wird; denn je straffer die Einung ist, desto stärker ist die Kraft[16]. Daher hat eine Wesenheit um so größere Kraft, je mehr sie geeint ist. Daher ist die unendliche und einfachhin größte Einung, die auch die Einheit ist, von unendlicher Kraft. Und wenn daher diese Einheit, die von Plato das absolute Eine genannt wird, nicht bei der Seinsmöglichkeit gegenwärtig wäre, dann gäbe es keine Seinsmöglichkeit oder Seinsmaterie[17]. Daher ist das Seiende in der Möglichkeit nicht Seiendes; insofern es jedoch in der Möglichkeit gesehen wird, wird es nicht ohne Teilhabe an der Einheit gesehen, weil es nicht nichts ist[18]. Nichts aber ist gänzlich vergangen oder hat keineswegs Notwendigkeit oder Begründung erlangt, daß es sein kann. Und so wird vor dem Seienden in der Möglichkeit und dem Seienden in der Wirklichkeit das Eine gesehen, ohne das keines der beiden sein

potest. Hoc unum necessarium vocatur deus, ut dicebatur Israeli: «Audi Israel, deus tuus unus est», et est pater Iesu, ut ipse ait ad Iudaeos: «Pater meus, quem vos deum dicitis». De quo actuum 4. Ille est ipsa unitas, quae et autounum, per se scilicet unum, licet melius sit omni nominabili et authypostato, ut infra dicetur.

**9** Et non possumus negare, quin se intelligat, cum melius sit se intelligente. Et ideo rationem sui seu diffinitionem seu logon de se generat. Quae diffinitio est ratio, in qua se unum necessarium intelligit et omnia, quae unitate constringuntur et fieri possunt. Et logon est consubstantiale verbum seu ratio diffiniti patris se diffinientis, in se omne diffinibile complicans, cum nihil sine ratione unius necessarii diffiniri possit. Sicut igitur Christus aiebat patrem in se vitam habere, ita dedit et filio in se vitam habere. Habere autem in divinis est esse. Est igitur filius vita vivificans sicut pater, eiusdem scilicet naturae et essentiae.

**10** Et ne haesites filium esse principium, adverte principium esse aeternum, cum sit principium, et quod omnia, quae videntur in aeternitate, sunt aeternitas. Tunc vides quod non potest esse principium in aeternitate sine principiato in aeternitate. Videre autem principiatum in aeternitate est videre ipsum in principio. Unde principiatum est principium principiatum. Et scias quod aeternitas non est consideranda quasi quaedam extensa duratio, sed uti tota simul essentia, quae et principium. Quando igitur aeternitas consideratur principium, non est aliud dicere principium principiati quam aeternitas aeterni seu aeternitas principiati. Neque aliud esse potest aeternitas quam aeternum; non enim potest aeternitas prior esse dura-

kann[19]. Dieses notwendige Eine wird Gott genannt, wie es Israel gesagt wurde: »Höre Israel, dein Gott ist einer«[20], und er ist der Vater Jesu, wie er selbst zu den Juden sagt: »Mein Vater, den Ihr Gott nennt«[21]. Hierüber ist Apg 4,<30>[22] zu vergleichen. Jener ist die Einheit selbst, die auch autounum, d.h. das durch sich Eine ist[23], wenngleich es jedes Benennbare und das authypostaton transzendiert, wie unten dargelegt werden wird[24].

9 Wir müssen auch verneinen, daß es sich erkennt, weil es das sich Erkennende transzendiert[25]. Und deshalb erzeugt es das Denken seiner selbst[26] oder die Definition oder den Logos aus sich. Diese Definition ist das Denken, in welchem das notwendige Eine sich erkennt und alles, was durch die Einheit zusammengehalten wird und entstehen kann. Und der Logos ist das Wort gleichen Wesens[27] oder das Denken des Vaters, der sich selbst definiert und dadurch definiert ist[28]; es faltet in sich alles Definierbare ein, weil nichts ohne das Denken des notwendigen Einen definiert werden kann. Wie also gemäß der Aussage Christi der Vater in sich das Leben hat, so verlieh er auch dem Sohn, in sich das Leben zu haben[29]. Haben aber ist im Bereich des Göttlichen Sein[30]. Der Sohn ist also Leben spendendes Leben wie der Vater, nämlich von gleicher Natur und Wesenheit.

10 Und damit du diesbezüglich, daß der Sohn Ursprung ist, keine Bedenken hast, beachte, daß der Ursprung ewig ist[31], weil er Ursprung ist, und das alles, was in der Ewigkeit geschaut wird, die Ewigkeit ist. Dann siehst du, daß der Ursprung in der Ewigkeit nicht ohne das in der Ewigkeit aus dem Ursprung Entsprungene sein kann. Das Entsprungene aber in der Ewigkeit schauen bedeutet, es im Ursprung schauen. Daher ist das Entsprungene entsprungener Ursprung. Und du sollst wissen, daß die Ewigkeit nicht aufgefaßt werden darf als gewissermaßen eine ausgedehnte Dauer, sondern als Wesenheit ganz zugleich[32], die auch Ursprung ist. Wenn also die Ewigkeit als Ursprung betrachtet wird, bedeutet die Formulierung »Ursprung des Entsprungenen« nichts anderes als Ewigkeit des Ewigen oder Ewigkeit des Entsprungenen. Und nichts anderes kann die Ewigkeit sein als das Ewige; denn die Ewigkeit kann der Dauer

tione aeterno; aeternum enim aeternitati coaeternum. Sic et principiatum coaeternum principio. Si enim principium est principiati principium, — et hoc est idem, ac si diceretur: aeternitas est aeterni aeternitas —, patet clare principiatum aeternum. Vides igitur principium sine principio et principium de principio.

Cum autem videas principium tam sine principio quam de prin- 11
cipio in aeternitate, vides etiam illius principii, quod vides sine principio et de principio, principiatum. Et ita vides principium et principiatum principium et principiatum principii utriusque esse unam aeternitatis essentiam, quam Plato vocat unum. Nec videtur hoc incredibile; nam videmus in natura temporali principium sine principio, scilicet paternitatem, et principiatum principium filiationem et principiatum utriusque, scilicet nexum amoris a principio utriusque procedentem, et quod, sicut principium generationis sine principio est temporale, sic et principium de principio est temporale. Similiter est temporalis primus amoris nexus ab utroque procedens; prima enim amicitia seu primus naturalis amoris nexus est patris et filii. Sicut igitur ista in tempore videmus, ita et verissime in aeternitate esse non immerito credimus, cum tempus se habet ad aeternitatem sicut imago ad exemplar et ea, quae in tempore, similiter se habent ad ea, quae in aeternitate.

Ex his patet verbum, quod loquebatur Iudaeis, ut in themate, 12
esse principium de principio et non recepisse nomen principii a mundo creato, sed antequam mundus fieret, in aeternitate id ipsum fuisse principium et post mundi constitutionem in tempore locutum fuisse.

Diceres: turbat audientem, quando dicis principii esse principium; 13
hoc enim nullus philosophorum admittit, ne procedatur sic in infinitum et sublata sit omnis veritatis inquisitio, quando ad primum

nach nicht früher sein als das Ewige; das Ewige nämlich ist gleich ewig wie die Ewigkeit[33]. So ist auch das Entsprungene gleich ewig wie der Ursprung. Wenn nämlich der Ursprung Ursprung des Entsprungenen ist, – und das ist dasselbe, als wenn gesagt würde: die Ewigkeit ist die Ewigkeit des Ewigen –, so ist völlig klar, daß das Entsprungene ewig ist. Du siehst also den Ursprung ohne Ursprung und den Ursprung vom Ursprung[34].

11 Weil du aber den Ursprung sowohl ohne Ursprung wie auch vom Ursprung in der Ewigkeit schaust, schaust du auch das Entsprungene jenes Ursprungs, den du ohne Ursprung und vom Ursprung schaust[35]. Und so siehst du, daß der Ursprung und der entsprungene Ursprung und das Entsprungene beider Ursprünge eine einzige Wesenheit der Ewigkeit ist, die Plato das Eine nennt. Und das ist offensichtlich nicht unglaubhaft; denn wir sehen in der zeitlichen Natur[36] den Ursprung ohne Ursprung, nämlich die Vaterschaft, und den entsprungenen Ursprung, die Sohnschaft, und das Entsprungene beider, nämlich das Band der Liebe, das vom Ursprung beider hervorgeht. Ferner sehen wir, daß ebenso wie der Ursprung der Erzeugung ohne Ursprung zeitlich ist, auch der Ursprung vom Ursprung zeitlich ist. Ebenso zeitlich ist das erste Band der Liebe, das von beiden ausgeht; denn die erste Freundschaft oder das erste natürliche Band der Liebe ist das von Vater und Sohn[37]. Wie wir das also in der Zeit sehen, so ist es auch in voller Wahrheit in der Ewigkeit, wie wir mit Recht glauben, da die Zeit sich zur Ewigkeit verhält wie das Abbild zum Urbild[38] und das, was in der Zeit ist, sich ebenso zu dem verhält, was in der Ewigkeit ist.

12 Hieraus ist offenbar, daß das Wort, das zu den Juden sprach, wie im Thema gesagt ist, Ursprung vom Ursprung ist und den Namen Ursprung nicht von der erschaffenen Welt her erlangt hat, sondern daß es vor der Erschaffung der Welt in der Ewigkeit Ursprung gewesen ist und nach der Erschaffung der Welt in der Zeit gesprochen hat[39].

13 Du könntest sagen: Es verwirrt den Hörer, wenn du sagst, es gebe den Ursprung des Ursprungs; das nämlich gestattet keiner der Philosophen, damit man nicht so ins Unendliche gehe und jede Untersuchung der Wahrheit beseitigt sei, wenn man nicht

principium pertingi non posset. Dico non esse inconveniens principii esse principium in aeternitate; nam sicut albedo est albi albedo, sic, si album esset albedo, non variaret, si diceretur albedo albedinis albedo; in aeternitate autem sic est, quod aeternum est aeternitas et principiatum principium. Ideo non plus inconvenienter dicitur principium principii quam principium principiati, neque transire in infinitum hoc impedit, cum hoc sit in infinito actu; aeternitas enim, quae est tota simul, non est nisi infinitas actu. Sed ubi contractum non est idem cum absoluto, ibi verum est id, quod philosophi dicunt, scilicet quod termini non sit terminus, ut humanitatis non sit humanitas, quia numquam deveniretur ad principium, cum infinitum nequeat pertransiri.

14 Hanc trinitatem, quam Christiani credunt, utique Platonici fatentur, qui plures ponunt trinitates et ideo ante omnes unam aeternam, sicut ante omne temporale aeternum, ut ante hominem temporalem aeternum. Dicunt autem et Peripatetici idem de prima causa, quam tricausalem fatentur. Sic Iudaei deo aeterno tribuunt unum, intellectum et spiritum, et Sarraceni similiter aeterno deo tribuunt unum, intellectum et animam, ut patet ex libris eorum, de quibus alias dictum est.

15 Adhuc forte de thematis intellectu haesitas, quomodo verbum est principium. Dico: est, ut audisti, essentiale atque per se subsistens principium de principio, et sua aeternitas, quae est et eius essentia, est logon seu ratio aeterna aeternitatis et omnium, quae in aeternitate complicantur; nec est quidquam possibile fieri, cuius non sit aeterna essendi ratio. Omnia, quae per se non subsistunt, cum non

zum ersten Ursprung gelangen könne[40]. Ich sage hierzu: Es ist nicht unangemessen, daß es den Ursprung des Ursprungs in der Ewigkeit gibt; denn wie die Weiße die Weiße des Weißen ist[41], so ergäbe sich kein Unterschied, falls das Weiße die Weiße wäre, wenn die Weiße die Weiße der Weiße genannt würde; in der Ewigkeit aber ist es so, daß das Ewige die Ewigkeit[42] und das Entsprungene der Ursprung ist. Deshalb ist die Formulierung ›Ursprung des Ursprungs‹ nicht unangemessener als die Formulierung ›Ursprung des Entsprungenen‹, und das Fortschreiten ins Unendliche bildet hierzu kein Hindernis, weil es sich hier um das wirklich Unendliche handelt; die Ewigkeit nämlich, die als ganze zugleich ist, ist nur wirkliche Unendlichkeit[43]. Wo aber das Eingeschränkte nicht mit dem Uneingeschränkten identisch ist[44], dort ist das wahr, was die Philosophen sagen, nämlich daß es keine Grenze der Grenze gibt[45], wie es keine Menschhaftigkeit der Menschhaftigkeit gibt, weil man nie zu einem Ursprung gelangte, da das Unendliche nicht durchschritten werden kann[46].

**14** Diese Dreifaltigkeit, an welche die Christen glauben, erkennen durchaus auch die Platoniker[47] an; sie setzen eine Mehrheit von Dreifaltigkeiten[48] an und deshalb vor allen eine ewige, wie vor allem Zeitlichen ein Ewiges, wie z.B. vor dem zeitlichen Menschen den ewigen[49]. Dasselbe sagen aber auch die Peripatetiker[50] von der ersten Ursache, die sie als dreiursächlich anerkennen. So weisen die Juden dem ewigen Gott das Eine, die Vernunft und den Geist zu, und ähnlich weisen die Sarazenen[51] dem ewigen Gott das Eine, die Vernunft und die Seele zu, wie aus ihren Büchern sich klar ergibt, über die wir an anderer Stelle gesprochen haben.

**15** Vielleicht hast du noch Bedenken hinsichtlich der Bedeutung des Themas, daß das Wort Ursprung ist. Ich sage: Wie du gehört hast, ist es wesentlicher und durch sich eigenständiger Ursprung vom Ursprung, und seine Ewigkeit, die auch seine Wesenheit ist, ist Logos oder ewige Vernunft der Ewigkeit und alles dessen, was in der Ewigkeit eingefaltet wird; und nichts kann werden, von dem es nicht ewiger Seinsgrund ist. Weil alles, was nicht durch sich eigenständig ist, nicht Ursache seiner selbst ist und

sint sui ipsius causa neque a casu et fortuna, quae non sunt nisi causae per accidens et non per se et essentiales, oportet quod a causa sint, quae est per se subsistens essendi rerum ratio, sicuti absolutum vivum exemplar, quod est et ratio aeterna, est causa omnis similitudinis. Sicut enim ratio circuli est aeterna et per se subsistens atque absoluta, quoniam non est contrahibilis aut sensibiliter designabilis, sed omnis circulus non potest sine illa nec esse nec intelligi, et est intellectuale aeternum exemplar omnium circulorum qualitercumque sensibilium, ita universaliter omne, quod esse potest, in ipsa essendi omnium ratione est aeternaliter ut in veritate exemplari, et est id, quod est, per ipsam sui essendi rationem.

Unde si advertis haec verba evangelii, ubi ait Iesus: «principium **1[illegible]**
qui et loquor vobis», sunt ipsa lux intelligentiae; loquitur enim verbum caro factum, hoc scilicet verbum, quod et deus, qui principium, loquitur sensibiliter. Et non est difficile hoc capere, scilicet quod aeterna essendi ratio in his, quae ipsum sunt sensibiliter, loquatur sensibiliter. Loqui est revelare seu manifestare. Omne igitur subsistens, cum sit, ab eo est, quod per se subsistit, quod est ratio substantiae eius, et locutio est sui ipsius revelatio sive manifestatio. Sicut cum omne calefactum sit tale originaliter ab eo, quod per se calidum, scilicet igne, tunc ignis in omnibus calefactis loquitur seu se ipsum revelat, licet varie secundum calefactorum varietatem, propinquius in pura flamma quam fumosa et purius in carbone ignito quam calidis cineribus, sic logon in omnibus rationabilibus loquitur se revelans purius in seraphicis spiritibus quam angelicis et purius in angelis quam hominibus et purius in hominibus, quorum conversatio in caelis, quam quorum in terra, sed in Christo supra omnem gradum, in quo logon non loquebatur ut in alio, sed ut in

auch nicht durch Zufall oder Glück besteht, die nur beiläufige Ursachen sind und nicht durch sich und wesentlich, muß es von einer Ursache sein, welche der durch sich eigenständige Seinsgrund der Dinge ist, so wie das uneingeschränkte lebendige Urbild, das auch ewige Vernunft ist, die Ursache aller Ähnlichkeit ist[52]. Wie nämlich der Wesensgrund des Kreises ewig, durch sich eigenständig und uneingeschränkt ist, da er nicht eingeschränkt werden kann oder sinnenfällig darstellbar ist, sondern jeder Kreis ohne ihn weder sein noch verstanden werden kann, und wie der Wesensgrund das geistige ewige Urbild aller irgendwie sinnenfälligen Kreise ist[53], so gilt: Alles, was sein kann, ist ewiglich im Seinsgrund aller als in seiner urbildlichen Wahrheit, und es ist das, was es ist, durch eben diesen seinen Seinsgrund[54].

16 Wenn du daher diese Worte des Evangeliums beachtest, wo Jesus sagt: »Der Ursprung, der ich auch zu euch rede«, so sind sie das Licht der Einsicht selbst; denn das Fleisch gewordene Wort spricht, d.h. das Wort, das auch Gott, der Ursprung, ist, spricht in sinnenfälliger Weise. Und das ist nicht schwierig zu begreifen, nämlich daß der ewige Seinsgrund in dem, was das Wort in sinnenfälliger Weise ist, in sinnenfälliger Weise spricht[55]. Sprechen bedeutet enthüllen oder offenbaren[56]. Da jedes Eigenständige also ist, ist es von dem, was durch sich eigenständig und Grund von dessen Wesen ist, und Sprechen des Wesensgrundes ist Enthüllung oder Offenbarung seiner selbst. Da zum Beispiel jedes Erwärmte seinem Ursprung gemäß von dem stammt, was durch sich warm ist, nämlich dem Feuer[57], dann spricht oder enthüllt sich das Feuer in allem Erwärmten, wenn auch in verschiedener Weise entsprechend der Verschiedenheit der erwärmten Dinge, seiner Eigenart gemäßer in reiner als in rauchiger Flamme und reiner in glühender Kohle als in warmer Asche. Dem entsprechend spricht der Logos in allen vernunftbegabten Wesen und enthüllt sich reiner in seraphischen Geistern als in den Engeln, und reiner in den Engeln als in den Menschen, und reiner in den Menschen, deren Wandel im Himmel[58] als in denen, deren Wandel auf der Erde ist. Aber in Christus spricht der Logos, jeder Abstufung enthoben; in ihm sprach der Logos nicht wie in einem anderen,

puritate principii, sicut si ignis non in alio calefacto se revelaret, sed in purissima flamma, quae in ipso igne indissolubili unione subsisteret.

Diceres: cum statim Christus de patre suo loquatur, ut habet evan- 17
gelium, mirum est quomodo se dicat principium, qui fatetur se filium. Dico: non esset propria locutio, si se principiatum diceret; nam cum principium nihil sit principiati, in natura divina, ubi pater omnia dat filio, pater non est aliud a filio et filius non potest proprie dici principiatum, cum principiatum sit aliud a principio; sed sicut pater est principium, ita dat filio esse principium. Est igitur principium de principio sicut lumen de lumine et deus de deo.

Adhuc forte cogitas, an authypostaton conveniat verbo; et vide- 18
tur quod sic; sequitur enim in evangelio: «tunc scietis quia ego sum». Solum per se subsistens veraciter dicere potest: ego sum. Dico quod humanae locutiones non sunt praecisae in divinis, sed sicut Christus de divinis humaniter locutus est, quoniam non nisi humaniter capi possunt per homines, ita oportet nos praesupponere has evangelicas locutiones humano modo omnibus praecisiores; nam verbum dei de se loquitur. Principium enim, cum non sit ab alio, per se subsistere dicimus, cum nihil esse concipere valeamus, si ipsum non conciperemus esse; primum enim, quod se offert conceptui, est ens, deinde ens tale; et licet principium entis nihil entium sit, cum principium nihil sit principiati, tamen, nisi concipiamus principium esse, nullum de ipso formare possumus conceptum.

Plato vero, qui vidit unum ens, unam essendi potentiam, unum 19
caelum, unam terram quasi unum in his omnibus passum et con-

sondern wie in der Reinheit des Ursprungs, so wie wenn das Feuer sich nicht in einem anderen Erwärmten enthüllte, sondern in der reinsten Flamme, die im Feuer selbst in unlösbarer Einung eigenständig wäre.

17 Du könntest sagen: Da Christus sofort danach von seinem Vater spricht, wie es im Evangelium[59] steht, ist es sonderbar, daß der sich als Ursprung bezeichnet, der sich als Sohn bekennt. Ich sage: Es wäre keine ihm gemäße Aussage, wenn er sich als entsprungen bezeichnete; denn während der Ursprung nichts vom Entsprungenen ist[60], ist in der göttlichen Natur, wo der Vater alles dem Sohn gibt[61], der Vater nichts anderes[62] als der Sohn, und der Sohn kann nicht im eigentlichen Sinne als entsprungen bezeichnet werden, weil das Entsprungene anders ist als der Ursprung; sondern wie der Vater Ursprung ist, so gibt er dem Sohn, Ursprung zu sein[63]. Er ist also Ursprung vom Ursprung und Licht vom Licht und Gott von Gott[64].

18 Vielleicht überlegst du noch, ob die Bezeichnung authypostaton dem Wort zukommt, und offenbar ist es so; es folgt nämlich im Evangelium: »Dann werdet ihr wissen, daß ich bin«[65]. Nur das durch sich Eigenständige kann wahrhaft sagen: Ich bin. Ich sage, daß die menschlichen Aussagen für den Bereich des Göttlichen nicht genau sind[66], aber wie Christus über das Göttliche in menschlicher Weise gesprochen hat, weil es nur in menschlicher Weise von Menschen verstanden werden kann, so müssen wir voraussetzen, daß die Aussagen im Evangelium, in menschlicher Weise geformt, genauer sind als alle; denn das Wort Gottes spricht über sich. Weil der Ursprung nämlich nicht von einem anderen ist, sagen wir, er sei durch sich eigenständig, da wir nicht begreifen können, daß etwas ist, wenn wir nicht begriffen, daß er ist; das erste nämlich, das sich dem Denken zeigt, ist das Seiende[67], sodann das so beschaffen Seiende; und wenn auch der Ursprung des Seienden nichts von den Seienden ist, da der Ursprung nichts von dem Entsprungenen ist, können wir dennoch keinen Begriff von ihm bilden, wenn wir nicht begreifen, daß der Ursprung ist.

19 Plato aber sah das eine Seiende, das eine Seinsvermögen, den einen Himmel, die eine Erde, und sah gleichsam in all diesen das

tractum et alteratum videns, separans et tollens omnia ab uno vidit unum in se et absolutum. Et ut sic videtur, nec est ens nec non ens nec est nec subsistit nec est subsistens nec per se subsistens nec principium, immo nec unum. Immo non esset apta locutio «unum est unum», cum copula illa est non possit uni convenire, nec sine copula dicendo sic «unum unum» esset apta locutio, cum omnis locutio, quae sine alteritate aut dualitate non est proferibilis, non conveniat uni. Unde si attendis, tunc principium omnium nominabilium, cum nihil possit principiatorum esse, est innominabile, et ideo etiam non nominari principium, sed esse principii nominabilis innominabile principium omne qualitercumque nominabile antecedens sicut melius. Tunc vides contradictoria negari ab ipso, ut neque sit neque non sit neque sit et non sit neque sit vel non sit; sed omnes istae locutiones ipsum non attingunt, qui omnia dicibilia antecedit.

Et licet hoc sic sit et per se subsistere sibi non conveniat, cum 20 per se subsistere sine dualitate et divisione non intelligatur et unum sit ante omnem alteritatem, tamen nulli verius convenit per se subsistere quam ei, quod est omnium subsistentium causa, cum nullum causatorum eius respectu per se subsistat aut sit, quidquid sit. Cui enim omnia vocabula aliquid significantia verius convenire possent quam ei, a quo omnia habent et quod sunt et nominentur? Quae verior substantia quam illa, quae omni substantiae dat esse substantiale, licet melior omni substantia nominabili?

Vidit Plato, quomodo per se ens ante omnia entia alia et alia ex- 21 sistit, ita per se homo et animal, et ita de ceteris. Nonne haec omnia, quae per se subsistere vidit, non in alio, sed in se vidit notionaliter,

Eine als Attribut[68], eingeschränkt und abgeändert. Er trennte und entfernte alles vom Einen und sah somit das Eine an sich und absolut[69]. Und sobald es so gesehen wird, ist es weder seiend noch nicht seiend, weder ist es noch besteht es, weder ist es eigenständig noch durch sich eigenständig noch Ursprung, sogar noch nicht einmal Eines. Sogar die Aussage ›das Eine ist Eines‹ wäre nicht angemessen, da die Copula ›ist‹ dem Einen nicht zukommen kann; und wenn man ohne Verwendung der Copula sagte ›das Eine Eine‹, so wäre auch das keine angemessene Aussage, weil jede Aussage, die ohne Andersheit oder Zweiheit nicht gemacht werden kann, dem Einen nicht zukommt. Wenn du das also beachtest, dann ist der Ursprung von allem Benennbaren unbenennbar[70], weil er nichts von dem Entsprungenen sein kann, und deswegen wird er auch nicht Ursprung genannt, sondern er ist der unbenennbare Ursprung des benennbaren Ursprungs und geht jedem irgendwie Benennbaren als transzendierend voran. Dann siehst du, daß kontradiktorisch Entgegengesetztes ihm abgesprochen wird, so daß er weder ist noch nicht ist, noch ist und nicht ist, noch ist oder nicht ist; vielmehr berühren alle diese Aussagen ihn nicht; er transzendiert alles Aussagbare.

20 Und wenn das auch so ist und ihm nicht zukommt, durch sich eigenständig zu sein, weil durch sich eigenständig sein ohne Zweiheit und Teilung nicht erkannt wird[71] und das Eine vor jeder Andersheit ist[72], kommt dennoch durch sich eigenständig sein keinem wahrer zu als ihm, das die Ursache von allem Eigenständigen ist[73], weil nichts Verursachtes im Hinblick auf es durch sich eigenständig ist oder ist, was immer es ist. Wem könnten nämlich alle Wörter, die irgendetwas bezeichnen, wahrer zukommen als ihm, von dem alles das Sein und die Benennbarkeit hat[74]? Welche Wesenheit ist wahrer Wesenheit als die, welche jeder Wesenheit das Wesenheitsein gibt, wenngleich sie jede benennbare Wesenheit transzendiert?

21 Plato sah, daß das an sich Seiende vor allen jeweils anderen Seienden existiert, so der Mensch an sich und das Sinnenwesen an sich, und so weiter[75]. Sah er nicht begrifflich alles das, was durch sich eigenständig ist, wie er sah, nicht in einem anderen,

quemadmodum in praecedenti sermone tangitur? Sic etiam ea, quae in se vidit notionaliter quasi in principio notionalium seu entium rationum, quae sunt similitudines realium entium, vidit supra se esse essentialiter in conditore entium sicut in se notionaliter in conditore notionum. Unde hic li se est universalis intellectus, qui est aut conditor aut assimilator. Conditor est essentians, assimilator intelligens. Conditor in se omnia videt, hoc est se omnium videt conditivum sive formativum exemplar. Unde eius intelligere est creare. Assimilator intellectus, qui est conditoris similitudo, in se omnia videt, hoc est se omnium videt notionale sive figurativum exemplar, et eius intelligere est assimilare. Unde sicut conditor intellectus est forma formarum sive species specierum sive locus formabilium specierum, sic intellectus noster figura figurarum sive assimilatio assimilabilium seu locus figurabilium specierum seu assimilationum.

Adhuc ut circa haec exerciteris, attente considera Christum 22
dixisse: «antequam Abraham fieret, ego sum», et alibi: «ante mundi constitutionem», et: «antequam mundus fieret», et: «ante omnia» et cetera; nam per se est ante omne fieri. Quomodo enim per se subsistere videretur post possibile fieri? Quis deduxisset possibile fieri in esse? Nonne qui actu? Recte igitur ante omne possibile fieri videtur per se actu subsistens. Sed quomodo potest videri ante possibile fieri? Nonne futurum semper ante fuit futurum? Igitur posse fieri semper est praesens per se subsistenti. Unde cum id, quod fit, sit temporale, tunc posse fieri temporaliter est praesens per se subsistenti aeternaliter. Id autem, quod videtur aeternaliter apud per se subsistens, est utique aeternum. Ante aeternum nihil est. Est igitur similiter per se subsistens. Quod igitur fit in tempore, est per se in aeternitate subsistens; sicut cum dicimus nos aliquid facturos,

sondern in sich, wie das in der vorhergehenden Darlegung berührt wird[76]? Auch das, was er in sich begrifflich sah gleichwie im Ursprung des Begrifflichen oder der Verstandesseienden, welche Abbilder der realen Seienden sind, sah er so über sich wesentlich existieren im Schöpfer der Seienden, wie er sie in sich sah als im Schöpfer der Begriffe[77]. Daher ist hier das »sich« die Vernunft in allgemeiner Bedeutung; sie ist entweder Schöpfer oder Nachbildner. Der Schöpfer verleiht Sein, der Nachbildner erkennt. Der Schöpfer sieht alles in sich[78], das heißt, er sieht sich als schöpferisches oder formendes Urbild. Daher ist sein Erkennen gleich Erschaffen. Die Vernunft als Nachbildner ist Ebenbild des Schöpfers; sie sieht alles in sich, das heißt, sie sieht sich als begriffliches oder nachgestaltendes Urbild, und ihr Erkennen ist Nachbilden. Wie daher die Schöpfervernunft Form der Formen oder Idee der Ideen[79] oder Ort der formbaren Ideen ist, so ist unsere Vernunft die Gestalt der Gestalten oder die Nachbildung des Nachbildbaren oder der Ort der gestaltbaren Ideen oder der Nachbildungen[80]..

22 Damit du dich noch weiter diesbezüglich übst, beachte aufmerksam, daß Christus gesagt hat: »Bevor Abraham wurde, bin ich«[81], und an anderer Stelle: »Vor der Erschaffung der Welt«[82], und: »Bevor die Welt wurde«[83], und :«Vor allem«[84] usw.; denn er ist durch sich vor allem Werden. Wie würde er nämlich als durch sich eigenständig nach dem, was werden kann, geschaut? Wer hätte das, was werden kann, ins Sein geführt? Nicht der, welcher wirklich ist? Richtig also wird er vor allem, das werden kann, als durch sich eigenständig geschaut. Aber wie kann er vor dem, das werden kann, geschaut werden? War nicht das Zukünftige immer vorher zukünftig[85]? Also ist das Werdenkönnen immer für das durch sich Eigenständige Gegenwart. Da also das, was wird, zeitlich ist, ist folglich das, was in der Zeit werden kann, ewige Gegenwart für das durch sich Eigenständige. Das aber, was ewig bei dem durch sich Eigenständigen geschaut wird, ist durchaus ewig. Vor dem Ewigen ist nichts[86]. Es ist also in gleicher Weise durch sich eigenständig. Was also in der Zeit wird, ist durch sich in der Ewigkeit eigenständig. Hierzu ein Beispiel. Wenn wir sagen, wir beabsichtigten, etwas zu machen,

utique hoc aliquid, antequam fiat aliis visibile, in nobis est et in nobis videmus, et id fit in tempore visibile, quod est in verbo seu conceptu mentis mentaliter et aliis omnibus invisibiliter.

2 Palam omnia esse ab aeterno. In aeterno sunt omnia ipsum aeternum per se subsistens, a quo sunt, quaecumque facta sunt. Omnia temporalia sunt ab intemporali aeterno, sic omnia nominabilia ab innominabili et ita de omnibus. Ante omnia saecula aeternum; ante ante non est ante; absolutum ante aeternitas est. Antequam mundus fieret, videtur ante et per nihil ante ante. In ipso igitur ante, antequam mundus fieret, videtur mundus non factus, ideo per se subsistens. Mundus igitur, qui videtur, antequam fieret, est ipsum ante per se subsistens, et ipsum ante est mundus per se subsistens. Unde mundus per se subsistens est ipsum ante, antequam mundus fieret. Ab ante igitur, scilicet per se subsistenti, facta sunt omnia, quae facta sunt; sicut si diceretur: «antequam domus fieret», domus utique, quae fieri debuit, iam est nominata ante, quando dicitur: «antequam domus fieret». Omne igitur, quod factum est, fieri potuit et ante nominatum est. Fuit igitur ante in verbo, quam fieret, uti ibi: «fiat lux et facta est lux». Lux, quae fiebat, iam antequam fieret, erat in verbo, quia nomen eius lux erat; nec aliud nomen lux facta habuit, quam ut habuit, antequam fieret. Sed antequam facta est lux, quia erat lux, quae fieri debuit, erat per se subsistens. Ante omne igitur factum est ipsum per se subsistens, sicut ante temporalia aeternum.

2 Proclus autem dicit primo hoc nomen authypostaton convenire tantum ut causae per se subsistentium, ut hominis per se subsistentis, quia aeternus. Causam dicit ipsum unum, regem scilicet omnium sive deum deorum; species enim et alia, quae ponit aeterna et ideo

ist dieses »etwas« in uns, und wir sehen es in uns, bevor es anderen sichtbar wird; und das wird in der Zeit sichtbar, was im Wort oder Begriff des Geistes geistig und für alle anderen unsichtbar ist.

**23** Klar ist, daß alles von Ewigkeit her ist[87]. In der Ewigkeit ist alles das durch sich Eigenständige selbst, von dem alles ist, was immer geschaffen ist. Alles Zeitliche ist vom unzeitlichen Ewigen, so ist alles Benennbare vom Unbenennbaren, und das gilt von allem. Vor aller Zeit ist das Ewige; vor dem »vor« gibt es kein »vor«; das absolute »vor« ist die Ewigkeit[88]. Bevor die Welt wurde, wird das »vor« geschaut und keinesfalls ein »vor« vor dem »vor«. Bevor die Welt wurde, wird also in dem »vor« selbst die Welt als unerschaffen und folglich als durch sich eigenständig geschaut. Die Welt also, die geschaut wird, bevor sie wurde, ist das durch sich eigenständige »vor« selbst, und das »vor« selbst ist die durch sich eigenständige Welt. Daher ist die durch sich eigenständige Welt das »vor« selbst, bevor die Welt wurde. Von dem »vor« selbst, nämlich dem durch sich eigenständigen, ist alles erschaffen, was erschaffen ist. Das verhält sich so, als wenn man sagte: »Bevor das Haus wurde«; das Haus jedenfalls, das werden sollte, ist dann schon vorher genannt, wenn gesagt wird: »Bevor das Haus wurde«. Alles also, das erschaffen ist, konnte werden und ist vorher benannt worden. Es war also im Wort, bevor es wurde, wie in der Bibelstelle gesagt ist: »Es werde Licht, und es wurde Licht«[89]. Das Licht also, das wurde, war schon im Wort, bevor es wurde, weil sein Name »Licht« war[90]; und keinen anderen Namen hatte das Licht, als wie es ihn hatte, bevor es wurde. Aber bevor das Licht erschaffen wurde, war es durch sich eigenständig, weil es das Licht war, das werden sollte[91]. Vor jedem Erschaffenen also ist das durch sich Eigenständige selbst, so wie das Ewige vor dem Zeitlichen ist.

**24** Proclus aber sagt[92], dem Ersten komme dieser Name Authypostaton nur zu als der Ursache der durch sich Eigenständigen, z.B. als der Ursache des durch sich eigenständigen Menschen, weil er ewig ist. Als Ursache nennt er das Eine selbst[93], nämlich den König aller[94] oder den Gott der Götter[95]; die Ideen nämlich und das andere, das er als ewig und somit als durch sich eigen-

per se subsistere, in primo ut in causa et fonte complicari et explicata in aeternitate asserit, uti in mundo sensibili temporaliter et sensibiliter, ita in aeternali aeternaliter et intellectualiter. Et sicut negat unum, quod asserit omnia ut omnium causa, non subsistere per se, sed esse melius et ante omne per se subsistens, sic etiam de omnibus; nam sic ait unum non esse, sed esse ante omnia, quae sunt, et non esse in loco vel tempore, sed ante omnia localia et temporalia; ita de omnibus, quoniam ante omnem affirmationem et negationem. Et in hoc recte dicit, quia ante et melius omnibus, de quibus fieri possunt locutiones affirmativae vel negativae.

Sed quod plura possint esse sibi coaeterna tribus suis hypostasibus exceptis non bene dixit, cum idem sit aeternum et aeternitas, quae plurificari nequit sicut nec unum; ideo uti unum imparticipabile, ne sit minus unum et multiplicabile. Unde circa aeternitatem, quam quidem durationem successivam licet infinitam putarunt, videntur plures errasse. Sed qui principium considerat aeternitatem et in ipso ut principio et causa esse omnia ipsum unum principium, ille videt, ubi veritas et quidquid Parmenides concludit via rationis, scilicet omnia de ipso negando et quod non plus unum oppositorum quam alterum vel ambo de eo affirmando et quod non sunt multa seu plura per se subsistentia; nam aut non participarent unum, tunc in hoc forent similia et iterum ideo non similia, quia uno non participarent, aut si participarent uno, tunc per se non subsisterent, sed per unum, quo participarent. Non erunt igitur plura per se subsistentia. Quare plura quae facta a per se subsistenti id sunt, quod **2**

ständig setzt, würden im Ersten als in der Ursache und der Quelle[96] eingefaltet, wie er behauptet, und in der Ewigkeit ausgefaltet, und zwar wie in der sinnenfälligen Welt zeitlich und sinnenfällig, so in der ewigen Welt ewig und geistig. Und wie er verneint, daß das Eine, welches seiner Behauptung nach als Ursache aller alles ist[97], durch sich eigenständig ist[98], es sei vielmehr transzendent und vor jedem durch sich Eigenständigen, so verneint er es auch in Hinsicht auf alles; denn so sagt er, das Eine sei nicht[99], sondern es transzendiere alles, was ist, und es sei nicht im Raum oder in der Zeit[100], sondern es transzendiere alles Räumliche und Zeitliche; das gelte von allem, weil das Eine jede Bejahung und Verneinung transzendiere[101]. Und hierin äußert er sich richtig, weil das Eine vor allem ist und alles transzendiert, wovon man bejahende oder verneinende Aussagen machen kann.

**25** Aber daß es eine Mehrheit von Wesenheiten geben könne, die mit dem Einen gleich ewig sind[102], ausgenommen die drei Personen des Einen, das sagte er nicht richtig, weil Ewiges und Ewigkeit dasselbe sind. Die Ewigkeit kann wie auch das Eine nicht vervielfältigt werden; deshalb ist eine Teilhabe am Einen als solchem unmöglich, damit es nicht weniger Eines und nicht vervielfachbar ist[103]. Daher haben offenbar manche sich hinsichtlich der Ewigkeit geirrt, die sie für eine sukzessive, wenn auch unendliche Dauer hielten[104]. Wer aber beachtet, daß der Ursprung die Ewigkeit ist und daß in ihm als dem Ursprung und der Ursache alles der eine Ursprung selbst ist[105], der sieht, wo die Wahrheit ist und alles, was Parmenides[106] mit der Methode des Verstandes erschließt, nämlich dadurch, daß er alles vom Einen verneint und behauptet, daß ein Gegensatzglied nicht mehr als das andere oder als beide bezüglich des Einen gelte und daß es nicht viele oder mehrere durch sich Eigenständige gebe; denn entweder würden sie nicht am Einen teilhaben, und dann wären sie darin ähnlich, und wiederum wären sie deshalb unähnlich, weil sie nicht am Einen teilhätten; oder wenn sie am Einen teilhätten, dann wären sie nicht durch sich, sondern durch das Eine eigenständig, an dem sie teilhätten. Es wird also keine Mehrheit von durch sich Eigenständigen geben. Daher sind die

sunt. Participant ergo uno, cum plura sine uno, quo participent, esse nequeant; sequeretur enim contradictoria simul esse vera, ut praemittitur.

Dixi autem superius per se subsistenti nullum nomen convenire, 26
quoniam innominabile, indicibile et ineffabile est; etiam sibi li unum proprie non convenit. Nos autem, quoniam non possunt esse multa per se subsistentia, facimus de eo conceptum ut de uno, et unum est, quo ipsum nominamus secundum conceptum nostrum, et dicimus unam esse universi causam in se omnium rerum species complicantem, super omnem contradictionem, positionem et oppositionem, affirmationem et negationem exaltatam, quoniam illa indicibile non attingunt, sed inter effabilia verum a falso dividunt. Sermo autem circa unum non est, quia indeterminabile; quare Plato simul mentiri dicebat affirmationes et negationes in uno. Est ergo unum omni sensui, omni rationi, opinioni et scientiae et omnibus nominibus incomprehensibile. Deo tamen, qui est omnium causa, unum et bonum propius convenire dicimus, quia unum et bonum est ab omnibus desiderabile, sicut ab omnibus fugabile nihil et malum. Deum autem dicimus unum, quo melius cogitari nequit, et non intrat in nostram cogitationem aliquid melius esse eo, quod ab omnibus nobis desideratur. Hinc unum et bonum ipsum deum dicimus; nec illa sunt in ipso diversa, sed sunt ipsum unum, quod autounum Proclus nominat.

Neque ipsum deum unum ut cognitum nominamus, sed quia ante 27
omnem cognitionem unum est desiderabile. Non est igitur dei comprehensio quasi cognoscibilium, quibus cognitis nomina imponuntur, sed intellectus incognitum desiderans et comprehendere non potens

vielen Erschaffenen vom durch sich Eigenständigen das, was sie sind. Sie haben also am Einen teil, weil das Viele nicht sein kann ohne das Eine, an dem es teilhat; es würde nämlich sonst folgen, daß kontradiktorische Aussagen wahr wären, wie vorher erläutert ist[107].

26 Ich habe aber weiter oben gesagt[108], daß dem durch sich Eigenständigen kein Name zukommt, weil es nicht zu benennen, nicht auszusagen und nicht auszusprechen ist; auch der Name ›das Eine‹ kommt ihm nicht im eigentlichen Sinne zu[109]. Weil es aber nicht viele durch sich Eigenständige geben kann, bilden wir von ihm den Begriff wie vom Einen, und ›Eines‹ ist die Bezeichnung, mit der wir es gemäß unserem Begriff benennen, und wir sagen, die Ursache des Universum sei eine und falte in sich die Ideen aller Dinge ein; sie sei über jeden Widerspruch, über jede Setzung und Entgegensetzung, über jede Bejahung und Verneinung erhaben[110], weil jene das Unaussagbare nicht berühren, sondern innerhalb des Aussprechbaren das Wahre vom Falschen trennen. Eine Aussage aber bezüglich des Einen gibt es nicht, weil es nicht bestimmbar ist; deshalb sagte Plato[111], daß Bejahungen und Verneinungen im Einen zugleich unwahr sind. Das Eine ist also für jede Sinneswahrnehmung, für jede Verstandeserkenntnis, Meinung, jedes Wissen und alle Namen nicht faßbar[112]. Dennoch sagen wir, daß Gott, der die Ursache aller ist, die Bezeichnungen ›Eines und Gutes‹ genauer zukommen[113], weil sich auf das Eine und Gute das Verlangen aller richtet, wie alle vor dem Nichts und dem Übel fliehen[114]. Gott aber nennen wir das Eine, über das hinaus nichts Besseres gedacht werden kann[115], und es fällt uns nicht ein zu denken, etwas sei besser als das, worauf sich das Verlangen von uns allen richtet. Daher bezeichnen wir Gott als das Eine und Gute selbst[116]; und diese sind in ihm nicht verschieden, sondern sie sind das Eine selbst, das Proclus autounum[117] (das Eine selbst) nennt.

27 Und wir nennen Gott nicht das Eine als etwas Erkanntes, sondern weil vor jeder Erkenntnis sich das Verlangen auf das Eine richtet[118]. Gott ist also nicht zu erkennen wie erkennbare Dinge, denen Namen gegeben werden, nachdem sie erkannt sind, sondern die Vernunft, die nach dem Unerkannten verlangt

ponit denominationem unius divinando aliqualiter hypostasim eius ex indeficienti omnium unius desiderio. Quod autem deus non accedatur intellectualiter Proclus aiebat ideo, quia tunc solum intellectualis natura ferretur ad ipsum; nam non intellectuales ipsum non appeterent; sed cum ipse sit, cuius gratia omnia id sunt, quod sunt, ab omnibus naturaliter desiderari debet, uti est ipsum unum et bonum, quod omnia appetunt et omnia entia penetrat.

Adhuc attende: multitudo ab uno deserta esse nequit, ut patuit. 28
Unum igitur est hypostasis eius, sed non unum participatum et coordinatum ipsi multitudini, quoniam tale in se non subsistit, sed in alio, scilicet multitudine. Omne autem in alio est ab eo, quod in se; nam in se est prioriter quam in alio, in quo non est nisi aliter. Aliter autem praesupponit in se. Hypostasis igitur, quod in alio, est ab eo, quod in se. Sic hypostasis coordinati ab exaltato et participabilis ab imparticipabili. Omne igitur, quod in considerationem cadit, aut est unum exaltatum aut coordinatum multitudini. Coordinatum vero non habet hypostasim nisi ab exaltato. Unum igitur exaltatum est hypostasis omnium hypostaseum, quo non exsistente nihil est et quo exsistente omnia id sunt, quod sunt, et quo exsistente et non exsistente omnia exsistunt et non exsistunt.

Entia igitur, cum esse desiderent, cum sit bonum, unum deside- 29
rant, sine quo esse nequeunt; quid autem sit, quod desiderant, capere nequeunt, cum quodlibet entium sit unum participatione unitatis participabilis, quae habet hypostasim suam ab imparticipabili. Participabilis autem non est capax imparticipabilis, sicut capabilis non est capax incapabilis et causatum causae, et quod est secunde, non

und es nicht erfassen kann, setzt die Bezeichnung ›Eines‹, weil sie irgendwie dessen Sein aus dem nicht endenden Verlangen aller nach dem Einen erahnt. Daß es aber auf dem Weg der Vernunft keinen Zugang zu Gott gibt, sagte Proclus deshalb, weil dann nur die Vernunftnatur sich auf den Weg zu ihm begäbe, denn die nicht Vernunftbegabten würden ihn nicht erstreben[119]. Weil aber Gott es ist, um dessentwillen alles das ist, was es ist, muß sich das Verlangen aller naturgemäß auf ihn richten, da er ja das Eine und Gute selbst ist, das von allen erstrebt wird und das alle Seienden durchdringt[120].

28 Beachte des weiteren: Eine Vielheit, getrennt vom Einen, kann nicht sein[121], wie klar geworden ist. Das Eine ist also deren eigenständige Seinsheit, aber nicht das Eine, an dem teilgenommen wird und das der Vielheit beigeordnet ist, weil dieses Eine nicht in sich, sondern im anderen eigenständig ist, nämlich in der Vielheit. Alles aber, das im anderen ist, stammt von dem, was in sich ist; denn in sich ist es früher als im anderen, in dem es nur auf andere Weise ist. »In anderer Weise« aber setzt »in sich« voraus. Das Eigenständige also, das im anderen ist, stammt von dem, das in sich ist. So ist das Eigenständige des beigeordneten Einen vom erhabenen Einen und des teilnehmbaren Einen vom nicht teilnehmbaren[122]. Alles also, was betrachtet werden kann, ist entweder das erhabene Eine oder das Eine, das der Vielheit beigeordnet ist[123]. Das beigeordnete Eine aber hat seine Eigenständigkeit nur vom erhabenen Einen. Das erhabene Eine ist also die eigenständige Seinsheit alles Eigenständigen; wenn es nicht existiert, ist nichts, und wenn es existiert, ist alles das, was es ist, und wenn es existiert und nicht existiert, existiert alles und existiert nicht[124].

29 Weil die Seienden nach dem Sein verlangen, da es gut ist[125], verlangen sie also nach dem Einen, ohne das sie nicht sein können; was das aber ist, wonach sie verlangen, können sie nicht fassen, weil jedes Seiende eines ist aufgrund der Teilhabe an der teilnehmbaren Einheit, die ihre Eigenständigkeit vom nicht teilnehmbaren Einen hat. Die teilnehmbare Einheit aber vermag die nicht teilnehmbare nicht zu erfassen, so wie die faßbare Einheit nicht die unfaßbare erfassen kann, das Verursachte nicht die

est capax eius, quod est prime, et licet non sit capax, non tamen est penitus ignorans eius, quod tantopere desiderat; certissime scit ipsum esse, quod desiderat. Et intellectualis natura, quae ipsum esse scit et incomprehensibilem, tanto se reperit perfectiorem, quanto scit ipsum magis incomprehensibilem; incomprehensibilis enim hac scientia ignorantiae acceditur.

Parmenides, haec attendens, ad ipsum unum exaltatum respiciens 30
unum ens esse dicebat; vidit enim in uno ente omnem multitudinem complicari, et cum multitudinis causa sit unitas, sine qua esse nequit, ideo ad unialem unitatis causam respiciens ens unum protulit omnem multitudinem in uno considerans. Zeno in multitudine entium non videns nisi unum ens participatum dicebat non esse multa quae entia; ut enim multa ab uno deserta non sunt; propter unum igitur subsistunt. Non sunt igitur multa quae entia, nisi uno ente participent. Unum igitur est hypostasis. Et Zeno non voluit idem dicere quod Parmenides, nam non respexit ad unum exaltatum sicut Parmenides, sed participatum, moriens autem accessit ad assertionem Parmenidis multitudinem quidem in uno secundum causam respiciens, unum autem in sola multitudine salvare non potens. Unum quidem secundum se ante multitudinem est, multitudo vero omnino ex uno est quod est. Sed qui considerat omnem unitatem habere aliquam sibi coniugam multitudinem et quod omnis multitudo ab aliqua sibi convenienti unitate continetur, videt unum simul et multa entia, in unitate multa et in multitudine unum, sine quo nec esset ordo nec species nec quidquam, sed confusio et difformitas. Nec refert, si eo modo, quo de unitate dictum est, dicas de aequalitate,

Ursache, und das abgeleitet Seiende nicht das ursprünglich Seiende[126] erfassen kann. Und obwohl es dieses nicht erfassen kann, befindet es sich dennoch nicht in gänzlicher Unkenntnis dessen, wonach es so sehr verlangt; es weiß ganz sicher, daß das ist, wonach es verlangt. Und die Vernunftnatur[127], die weiß, daß es ist und daß er der Unerfaßbare ist, erfährt sich als um so vollkommener, je mehr sie weiß, daß er unerfaßbar ist; der Zugang zum Unerfaßbaren nämlich liegt in diesem Wissen des Nichtwissens[128].

30 Parmenides[129], der dieses beachtete, sagte im Hinblick auf das erhabene Eine, es gebe nur ein Seiendes; er sah nämlich, daß in einem einzigen Seienden die gesamte Vielheit eingefaltet wird, und weil Ursache der Vielheit die Einheit ist, ohne welche die Vielheit nicht sein kann, deshalb lehrte er im Hinblick auf die einheitliche[130] Ursache der Einheit, es gebe nur ein Seiendes, weil er die gesamte Vielheit im Einen betrachtete. Zeno sah in der Vielheit der Seienden nur das eine Seiende, an dem die vielen teilhaben, und sagte, es gebe keine vielen Seienden; als viele nämlich, gesondert vom Einen, sind sie nicht[131]; aufgrund des Einen also sind sie eigenständig. Es gibt also keine vielen Seienden, wenn sie nicht an dem einen Seienden teilhaben. Das Eine ist also die eigenständige Seinsheit. Und Zeno wollte nicht dasselbe sagen wie Parmenides, denn er berücksichtigte nicht das erhabene Eine wie Parmenides, sondern das Eine, an dem die vielen teilhaben; vor seinem Tod[132] aber schloß er sich der Auffassung des Parmenides an, indem er die Vielheit im Einen gemäß ihrer Verursachung betrachtete, aber das Eine in der Vielheit allein nicht beibehalten konnte. Das Eine ist jedenfalls an sich vor der Vielheit, die Vielheit aber ist das, was sie ist, gänzlich aus dem Einen. Wer aber bedenkt, daß jede Einheit eine mit ihr verbundene Vielheit hat und daß jede Vielheit von einer ihr zukommenden Einheit zusammengehalten wird[133], der sieht zugleich das Eine und die vielen Seienden, in der Einheit die vielen und in der Vielheit das Eine, ohne das es weder Ordnung noch Form noch irgend etwas gäbe, sondern Unordnung und Formlosigkeit. Und es macht nichts aus, wenn du in gleicher Weise, wie über die Einheit gesprochen wurde, über die Gleichheit sprichst,

uti in praecedenti sermone habes; nam aequalitas est unificans et potest dici unionis causa. Sicut unum, sic bonitas et iustitia et talia.

Adhuc attende, quomodo quidam dicunt de dualitate, quod sit 31
unitas simul et multitudo, quoniam hoc verum eo modo: sicut id, quod est causa unionis, secundum causam est unum, sic dualitas secundum causam est multitudo; dualitas enim undique mater est multitudinis. Dualitas autem non est deserta ab uno; omne enim, quod post unum est, uno participat; omnia posteriora prioribus participant et non e converso. Dualitas non est prima unitas omnia antecedens et exaltata supra omnia, sed est participata unitas; habet enim ab unitate, quod est unitas, et sic est aliqualiter unitas et dualitas; et ita videtur unitas esse multitudo; sed est unitas tamquam uno participans et multitudo tamquam causa multitudinis. Sic intelligo id, quod quidam dixerunt, dualitatem neque unitatem neque multitudinem.

Plato autem post unum posuit duo principia, scilicet finitum et 32
infinitum, puta sicut numerus post unum est ex finito et infinito; si enim unitatem numeri a numero separatam consideras, monas est et non est numerus, sed principium numeri, si multitudinem ab unitate desertam consideras, infinitas quaedam est. Numerus igitur ex unitate et multitudine tamquam finito et infinito constitui videtur. Sic de omni ente. Capit autem infinitatem pro interminato et confuso, apto tamen terminari et finiri, finitum vero pro forma finiente et terminante infinitatem.

Et si quis subtilius advertit, non est Melissi positio ita absurda, 33
sicut Aristoteles eam redarguit; nihil enim in omni consideratione videtur quam infinitas, scilicet infinitas finiens et infinitas finibilis.

wie du das in der vorhergehenden Abhandlung[134] vor dir hast; denn die Gleichheit bewirkt Einheit und kann als Ursache des Einswerdens bezeichnet werden. Wie mit dem Einen, so verhält es sich mit der Gutheit, der Gerechtigkeit und derartigem.

31 Weiterhin beachte[135], daß die Aussage bestimmter Philosophen über die Zweiheit, sie sei zugleich Einheit und Vielheit, in folgender Weise wahr ist: Wie das, was Ursache der Einung ist, gemäß seiner Ursächlichkeit Eines ist, so ist die Zweiheit gemäß ihrer Ursächlichkeit Vielheit; die Zweiheit ist nämlich allenthalben Mutter der Vielheit. Die Zweiheit ist aber nicht getrennt vom Einen; alles nämlich, was dem Einen nachgeordnet ist, nimmt teil am Einen; alles Nachgeordnete nimmt am Vorgeordneten teil und nicht umgekehrt[136]. Die Zweiheit ist nicht die erste Einheit, die allem vorangeht und über alles erhaben ist, sondern sie ist mitgeteilte Einheit; sie hat nämlich von der Einheit, daß sie Einheit ist, und so ist sie irgendwie Einheit und Zweiheit; und so ist sie als Einheit offenbar Vielheit; aber sie ist Einheit, insofern sie am Einen teilhat, und Vielheit, insofern sie Ursache der Vielheit ist. So verstehe ich das, was gewisse Philosophen sagten, die Zweiheit sei weder Einheit noch Vielheit.

32 Plato[137] aber setzte, dem Einen nachgeordnet, zwei Prinzipien an, nämlich das Begrenzte und das Unbegrenzte, wie zum Beispiel die Zahl nach der Eins aus Begrenztem und Unbegrenztem besteht; wenn du nämlich die Einheit der Zahl getrennt von der Zahl denkst, ist sie einzelne Einheit (monas), und sie ist keine Zahl, sondern Ursprung der Zahl; wenn du die Vielheit gesondert von der Einheit denkst, ist sie in gewisser Weise Unbegrenztheit. Die Zahl wird also offenbar aus Einheit und Vielheit wie aus Begrenztem und Unbegrenztem konstituiert. So ist es bezüglich eines jeden Seienden. Plato[138] versteht aber die Unbegrenztheit als das Unbestimmte und Ungeordnete, das aber geeignet ist, bestimmt und begrenzt zu werden, das Begrenzte aber als begrenzende Form, welche die Unbegrenztheit bestimmt.

33 Und wenn man recht genau überlegt, ist die Aussage des Melissus keineswegs so sinnlos, wie sie entsprechend der Ablehnung durch Aristoteles ist[139]; bei jeder Erwägung wird nämlich nur Unbegrenztheit gesehen, nämlich begrenzende Unbe-

Infinitas finiens est finis, cuius non est finis, et est principium per se subsistens omnem finem complicans et est deus ante omne ens, et infinitas finibilis est carentia omnis termini et diffinitionis finibilis fine infinito et est post omne ens. Quando igitur infinitum primum finit secundum, oritur ens finitum ab infinito principio, scilicet a primo, quod est plus quam ens, cum ipsum praecedat, non a secundo, cum sit post ens. In primo infinito sunt omnia diffinibilia actu, in secundo sunt omnia diffinibilia in respectu omnipotentiae primi, uti dicimus per omnipotentem de nihilo omnia posse creari; non quod in nihilo sint omnia in potentia, nisi referatur potentia ad omnipotentiam, ubi coincidit posse facere cum posse fieri, quasi concipias omnipotentis formae ipsum nihil esse materiam, quam ut voluerit formet, sed formae non omnipotentis et finitae virtutis non esse nihil materiam, sed magis formabilem seu minus resistentem, ut est possibilitas essendi hoc, quod forma formare potest, tamquam apta et oboediens, ut mereatur talem formam. Hoc dicebat Plato, quod formae darentur secundum merita materiae.

Resumendo itaque, quae tacta sunt, principium esse uniternum et **34** ipsum aeternum manifestum dico hunc mundum ab uniterno principio id esse, quod est. Nec sunt multa principia, ut patuit. Non multa non potest nisi unum concipi; ante igitur hunc mundum et multa principium, quod est non multa. Sicut igitur ante multa non multa, sic ante ens non ens et ante intellectum non intellectus et generaliter ante omne effabile ineffabile. Negativa igitur principium

grenztheit und begrenzbare Unbegrenztheit. Die begrenzende Unbegrenztheit ist die Grenze, für die es keine Grenze gibt, und sie ist der durch sich eigenständige Ursprung, der jede Grenze einfaltet, und sie ist Gott, jedem Seienden übergeordnet[140]. Und die begrenzbare Unbegrenztheit ist das Fehlen jeder Bestimmtheit und Definition, sie ist begrenzbar durch die unbegrenzte Grenze und ist jedem Seienden nachgeordnet[141]. Wenn also das erste Unbegrenzte das zweite begrenzt, entsteht das begrenzte Seiende durch den unbegrenzten Ursprung, nämlich durch das erste Unbegrenzte, welches mehr ist als Seiendes, weil es das Seiende transzendiert, nicht durch das zweite, da dieses dem Seienden nachgeordnet ist. Im ersten Unbegrenzten ist alles Definierbare in Wirklichkeit[142], im zweiten Unbegrenzten ist alles Definierbare im Hinblick auf die Allmacht des ersten, so wie wir sagen, daß durch den Allmächtigen alles aus dem Nichts erschaffen werden könne; nicht, daß im Nichts alles der Möglichkeit nach sei, wenn nicht die Möglichkeit auf die Allmacht bezogen wird, wo das Machenkönnen mit dem Werdenkönnen zusammenfällt[143]. Das kannst du so auffassen, als sei das Nichts die Materie der allmächtigen Form, die sie formt, wie sie will, für die nicht allmächtige Form aber, die von begrenzter Kraft ist, sei nicht das Nichts die Materie, sondern eine mehr formbare oder weniger widerstrebende Materie, wie es die Möglichkeit ist, dieses zu sein, das die Form formen kann, gleichsam geeignet und bereitwillig, daß es eine solche Form verdient. Das war es , was Plato sagte, daß die Formen gemäß den Verdiensten der Materie gegeben werden[144].

34 In der Zusammenfassung des Erörterten ergibt sich: Offenkundig ist der Ursprung dreieinig und das Ewige selbst[145]. Ich sage deshalb, daß diese Welt vom dreieinigen Ursprung das ist, was sie ist[146]. Und es gibt nicht viele Ursprünge, wie einsichtig wurde[147]. ›Nicht viele‹ kann nur verstanden werden als Eines: vor dieser Welt also und dem Vielen ist der Ursprung, der ›nicht Vieles‹ ist[148]. Wie also vor dem Vielen ›nicht Vieles‹ ist, so ist vor dem Seienden ›nicht Seiendes‹, vor der Vernunft ›nicht Vernunft‹ und allgemein vor allem Aussprechbaren ›nicht Aussprechbares‹[149]. Verneintes ist also der Ursprung aller Bejahun-

omnium affirmationum; principium enim nihil est principiatorum. Sed cum omne causatum verius sit in sua causa quam in se ipso, igitur affirmatio melius est in negatione, cum negatio sit eius principium. Principium igitur est ante maximum et minimum pariter omnium affirmationum; puta non ens entis principium sic videtur ante ens, quod per medium coincidentiae maximi et minimi videtur superexaltatum; praecedit enim ens, quod pariter est minime et maxime ens sive sic non ens, quod maxime ens. Non est principium entis nullatenus ens, sed non ens modo dicto; cum enim video ad principium entis, quod non est principiatum, ipsum video minime ens esse, cum video ad principium entis, in quo est melius principiatum quam in se, video ipsum maxime ens. Sed quia idem principium est supra omnia opposita et effabilia ineffabiliter, video ipsum ante maximum pariter et minimum omnibus, quae dici possunt, suprapositum. Quare consequenter omnia, quae de ente affirmantur, pariformiter de principio negantur modo praemisso. Omnis autem creatura ens aliquod est. Non multa igitur omnium principium omnia complicat, sicut negativa praegnans dicitur affirmationis, scilicet ut non esse dicit sic non esse, ut per esse significatur, sed melius esse.

**35** Principium igitur ineffabile nec principium nominatur nec multa nec non multa nec unum nec alio nomine quocumque, sed ante omnia illa est innominabiliter; omne enim nominabile aut figurabile seu designabile praesupponit alteritatem et multitudinem et non est principium; omnis enim multitudinis unitas principium. Multa non possunt esse aeterna, cum aeternum sit aeternitas, ut praemittitur;

gen[150]; der Ursprung ist nämlich nichts von dem aus dem Ursprung Entsprungenen[151]. Weil aber jedes Verursachte wahrer in seiner in seiner Ursache ist als in sich selbst[152], deshalb ist die Bejahung in höherer Weise in der Verneinung, weil die Verneinung ihr Ursprung ist[153]. Der Ursprung also ist in gleicher Weise vor dem Größten und Kleinsten aller Bejahungen; das ›nicht Seiende‹ wird nämlich als Ursprung des Seienden so vor dem Seienden geschaut, daß es vermittels des Zusammenfalls des Größten und des Kleinsten als hocherhaben geschaut wird; was nämlich gleichermaßen am wenigsten und am meisten seiend oder in der Weise nicht seiend ist, daß es am meisten seiend ist, das transzendiert das Seiende. Der Ursprung des Seienden ist nicht einfachhin nicht seiend, sondern nicht seiend in der genannten Weise[154]; wenn ich nämlich auf den Ursprung des Seienden blicke, der nicht aus dem Ursprung entsprungen ist, sehe ich, daß er am wenigsten seiend ist; wenn ich auf den Ursprung des Seienden blicke, in welchem das aus dem Ursprung Entsprungene in höherer Weise als in sich ist, sehe ich, daß er am meisten seiend ist. Aber weil derselbe Ursprung über allen Gegensätzen und über allem Aussagbaren in nicht aussagbarer Weise ist, sehe ich ihn gleichermaßen vor dem Größten und dem Kleinsten, allem, was gesagt werden kann, übergeordnet. Daher wird folgerichtig alles, was vom Seienden bejahend ausgesagt wird, in gleicher Form vom Ursprung in der vorher genannten Weise verneint. Jedes Geschöpf aber ist irgendein Seiendes. ›Nicht Vieles‹ also als Ursprung aller faltet alles in sich ein, so wie die Verneinung die Mutter der Bejahung genannt wird[155], nämlich wie ›nicht sein‹ bedeutet, nicht so sein, wie es durch ›sein‹ bezeichnet wird, sondern in höherer Weise sein[156].

35 Der nicht aussprechbare Ursprung wird deshalb weder Ursprung genannt noch Vieles noch ›Nicht Vieles‹ noch Eines noch wird ihm irgendein anderer Name beigelegt, sondern vor all diesem ist er in unbenennbarer Weise[157]; denn alles Benennbare oder Gestaltbare oder Bezeichenbare setzt Andersheit und Vielheit voraus und ist nicht Ursprung; denn Ursprung aller Vielheit ist die Einheit[158]. Vieles kann nicht ewig sein, weil das Ewige die Ewigkeit ist, wie das oben erörtert wird[159]; der Ursprung

principium autem aeternum. Inmultiplicabile principium non est alterabile nec participabile, quia aeternitas. Nihil igitur in hoc mundo est eius similitudinem habens, cum non sit designabile nec imaginabile. Mundus est infigurabilis figura et indesignabilis designatio; mundus sensibilis est insensibilis mundi figura et temporalis mundus aeterni et intemporalis figura; figuralis mundus est veri et infigurabilis mundi imago.

Dum video per contradictoria principium, omnia in ipso video; 36
esse enim et non esse omnia ambit, quoniam omne, quod dici aut cogitari potest, aut est aut non est. Principium igitur, quod est ante contradictionem, omnia complicat, quae contradictio ambit. Principium videtur in oppositorum aequalitate. Absoluta aequalitas essendi et non essendi non est participabilis, cum participans sit aliud a participato. Aequalitas igitur in alio non nisi aliter participabilis non est aequalitas, quae principium superexaltatum super aequale et inaequale. Nihil igitur ex omnibus aequaliter potest esse et non esse; quare duo contradictoria non possunt aeque de eodem verificari. Omnis igitur creatura imparticipabile principium in alteritate participat, sicut aequalitas imparticipabilis ⟨participatur⟩ in similitudine. Similitudo aequalitatis, cum non sit aequalitas, sed eius similitudo, non potest esse nec maxima, qua maior esse nequit, nec minima, qua minor esse nequit, quia non foret similitudo, sed aut nihil aut aequalitas. Participabilis igitur est aequalitas in similitudine, quae alia et varia esse potest, maior aut minor.

Creatura, cum nihil sit et totum esse suum habeat a causa, in 37
principio est veritas; principium enim veritas est omnium creatura-

aber ist ewig. Der Ursprung kann nicht vervielfältigt werden und läßt weder Veränderung noch Teilhabe zu[160], weil er die Ewigkeit ist. Es gibt also nichts in dieser Welt, das Ähnlichkeit mit ihm hat[161], weil er weder bezeichnet noch vorgestellt werden kann. Die Welt ist Gestalt des nicht Gestaltbaren und die Bezeichnung dessen, was nicht bezeichnet werden kann; die sinnenfällige Welt ist Gestalt der nicht sinnenfälligen Welt, und die zeitliche Welt ist Gestalt der ewigen und nicht zeitlichen; die gestaltete Welt ist Bild der wahren und nicht gestaltbaren Welt[162].

36 Wenn ich mit Hilfe kontradiktorischer Gegensätze den Ursprung schaue, schaue ich in ihm alles; Sein nämlich und Nichtsein umschließt alles, weil alles, was ausgesagt oder gedacht werden kann, entweder ist oder nicht ist[163]. Der Ursprung also, der vor dem kontradiktorischen Widerspruch ist, faltet alles ein, was der kontradiktorische Widerspruch umschließt. Der Ursprung wird geschaut in der Gleichheit der Gegensätze. Teilhabe an der uneingeschränkten Gleichheit des Seins und des Nichtseins gibt es nicht, weil das Teilhabende von dem, an welchem teilgehabt wird, verschieden ist[164]. Deshalb ist die Gleichheit, an der in einem anderen nur in anderer Weise Teilhabe möglich ist, nicht die Gleichheit, welche der über Gleich und Ungleich hocherhabene Ursprung ist. Nichts also von allem kann in gleicher Weise sein und nicht sein; deshalb können zwei kontradiktorisch entgegengesetzte Aussagen nicht in gleicher Weise bezüglich ein und desselben wahr sein[165]. Jedes Geschöpf also nimmt in Andersheit[166] teil an dem Ursprung, an dem keine Teilhabe möglich ist, so wie an der Gleichheit, die keine Teilhabe zuläßt, in Ähnlichkeit teilgenommen wird. Weil die Ähnlichkeit mit der Gleichheit nicht Gleichheit, sondern Ähnlichkeit mit ihr ist, kann sie weder größte Ähnlichkeit sein, die keine Steigerung zuläßt, noch kleinste, die keine Minderung mehr gestattet, weil sie dann nicht Ähnlichkeit wäre, sondern entweder nichts oder Gleichheit. Teilhabe an der Gleichheit ist also nur in Ähnlichkeit möglich, und diese kann anders und verschieden sein, größer oder geringer.

37 Weil das Geschöpf nichts ist und sein ganzes Sein von seiner Ursache hat, ist es im Ursprung Wahrheit; der Ursprung näm-

rum. Mundus igitur iste, quem magister noster dicit constitutum, quando ait «ante mundi constitutionem», non est veritas, sed eius principium est veritas. Ob hoc in mundo constituto nihil praecise verum reperitur, nulla est praecisa aequalitas aut inaequalitas seu similitudo sive dissimilitudo; mundus enim veritatis praecisionem capere nequit, ut de spiritu veritatis magister noster affirmat. In principio igitur, quod est veritas, sunt omnia ipsa aeterna veritas. Quia mundus constitutus per aeternum mundum sive principium constitutus non est in veritate, sed fallibilitate varietatis positus, sic non in bono, quod soli deo sive constituenti mundo convenit, sed in maligno positus est.

Posset quis dicere mundum omnia complecti, quoniam videtur ante eius constitutionem et videtur constitutus. Mundus ante constitutionem in principio verbum erat, et mundus constitutus per ipsum est constitutus, sicut verbum ante designationem et verbum designatum; quando enim intellectus sui ipsius verbum mentale, in quo se intelligit, vult manifestare, hoc facit per elocutionem sive scripturam seu aliam sensibilem designationem. Verbum igitur ante designationem mentale, designatum vero induit sensibilem speciem, et sic insensibile constitutum est sensibile. Sensibile autem ad insensibile nullam habet proportionem. Sic se habet aliqualiter mundus constitutus ad constituentem. Patet igitur principium universorum non esse neque aliud neque idem respectu creaturarum suarum, sicut verbum indesignatum est neque aliud neque idem ad suum designatum; primum enim principium est ante omnem alteritatem et identitatem. Sicut natura incolorata neque alba neque nigra dicitur, non ut illis privetur ut materia, sed per eminentiam, quoniam est ipsorum causa, sic negamus vocem et silentium de anima, quoniam non est **3**

lich ist die Wahrheit aller Geschöpfe[167]. Diese Welt also, die entsprechend der Aussage unseres Meisters erschaffen ist, wenn er sagt: »Vor Erschaffung der Welt«[168], ist nicht die Wahrheit, sondern ihr Ursprung ist die Wahrheit. Deshalb findet sich in der erschaffenen Welt nichts genau Wahres; es gibt in ihr keine genaue Gleichheit oder Ungleichheit oder Ähnlichkeit oder Unähnlichkeit; die Welt kann nämlich die Genauigkeit der Wahrheit nicht fassen[169], wie unser Meister bezüglich des Geistes der Wahrheit lehrt[170]. Im Ursprung also, der die Wahrheit ist, ist alles die ewige Wahrheit selbst[171]. Weil die erschaffene Welt, erschaffen durch die ewige Welt oder den Ursprung, sich nicht in der Wahrheit befindet, sondern dem Trug der Veränderung ausgesetzt ist, so befindet sie sich nicht im Guten, das allein Gott oder der erschaffenden Welt[172] zukommt, sondern im Argen[173].

38 Jemand könnte sagen, die Welt umfasse alles, weil sie vor ihrer Erschaffung geschaut wird und als erschaffene geschaut wird[174]. Die Welt war vor ihrer Erschaffung im Ursprung das Wort[175], und die erschaffene Welt ist durch das Wort erschaffen worden[176], so wie das Wort vor seiner Bezeichnung und das bezeichnete Wort; wenn nämlich die Vernunft ihr geistiges Wort, in dem sie sich erkennt, offenbaren will, tut sie das durch die Aussprache oder durch die Schrift oder durch eine andere sinnenfällige Bezeichnung. Das Wort ist also vor der Bezeichnung geistig, als bezeichnetes aber nimmt es eine sinnenfällige Gestalt an, und so ist das nicht sinnenfällige Wort als erschaffenes sinnenfällig. Das Sinnenfällige aber hat zum nicht Sinnenfälligen kein meßbares Verhältnis. So verhält sich irgendwie die erschaffene Welt zur erschaffenden[177]. Es ist also offenbar, daß der Ursprung von allem weder anders noch dasselbe ist hinsichtlich seiner Geschöpfe, so wie das nicht bezeichnete Wort weder anders noch dasselbe ist bezüglich seines bezeichneten Wortes; der erste Ursprung nämlich ist vor jeder Andersheit und Selbigkeit[178]. So wie die ungefärbte Natur eines Dinges weder weiß noch schwarz genannt wird, nicht als ermangele sie dieser Farben wie die Materie, sondern weil sie über diese erhaben ist, da sie deren Ursache ist, so sprechen wir der Seele Stimme und

nec vox nec silentium modo quo lignum, sed modo quo causa nihil causati, causat enim anima ista in animali; ita omnia de uno principio negamus, quae ab ipso procedunt. Et non est principium unum dans omnibus hypostasim aliud aut idem, sed superexaltatum per eminentiam. Et in omnibus per ipsum constitutis creator non est idem cum sua creatura, sicut nec causa cum causato, sed non adeo longe abest, quod sit quid alterum; oporteret enim ipsius et creaturae, quae numerum constituerent, esse aliquod principium, cum omnis multitudinis unitas sit principium, et ita primum principium non foret primum principium. Et hoc Paulus apostolus expressit, cum diceret deum non longe a nobis abesse, cum in ipso simus et movemur.

Quemadmodum etiam primissimam monadem dicimus innumeratam, non tamquam submissam materiam numeris et interminatam, sed ut in se omnes numeros et species numerorum complicantem et producentem, quae non est aliud aut idem cum quacumque specie numeri, sic de uno principio, quantum nostra capacitas nobis suffragatur, conceptum facimus similitudinarium aliqualiter, licet valde infra praecisionem, quoniam est unum principium inmultiplicatum omnem multitudinem complicans et explicans seu producens, cui si addis aliquid quodcumque, puta dicendo unum ens, non manet unum simpliciter et transit in multitudinem. Multa quae entia habent ab uno primo principio, quod sunt multa, ab ente, quod sunt entia; et ita omnis multitudo est ab uno ut multitudo, et contracta multitudo contractionem habet ab uno contracto, sicut multa entia ab uno et uno ente. Ens ab uno habet quidquid est; uno enim sublato nihil manet. Et si recte attendis, additio ad unum non est additio ad unum

Schweigen ab, nicht, weil sie weder Stimme noch Schweigen ist in der Weise wie Holz, sondern in der Weise, in welcher die Ursache nichts von dem Verursachten ist; denn die Seele verursacht diese im Sinnenwesen. Ebenso sprechen wir dem einen Ursprung alles ab, was aus ihm hervorgeht[179]. Und der eine Ursprung, der allen Dingen das Eigenständigsein gibt, ist nicht anders als sie oder mit ihnen identisch, sondern ist hoch über sie erhaben, weil er sie überragt. Und der Schöpfer ist in allem, was er geschaffen hat, nicht mit seinem Geschöpf identisch, wie auch die Ursache nicht mit dem Verursachten identisch ist[180], aber er ist nicht so weit entfernt, daß er etwas anderes wäre; es müßte sonst nämlich für ihn und das Geschöpf, die dann eine Anzahl bildeten[181], irgendeinen Ursprung geben[182], weil die Einheit Ursprung jeder Vielheit ist, und so wäre der erste Ursprung nicht der erste Ursprung. Und das legte der Apostel Paulus genau dar, als er sagte, Gott sei nicht weit von uns entfernt, weil wir in ihm sind und uns bewegen[183].

39 Von der allerersten Zahleneinheit sagen wir, sie sei keine Zahl, nicht als ob sie den Zahlen als unbestimmte Materie zugrunde liege, sondern insofern, als sie alle Zahlen und Arten der Zahlen in sich einfaltet und hervorbringt[184]; sie ist von keiner Art der Zahlen verschieden oder mit ihr identisch. Dem entsprechend bilden wir von dem einen Ursprung, soweit unser Fassungsvermögen uns das gestattet, einen irgendwie ähnlichen, wenngleich sehr ungenauen Begriff, da der eine Ursprung nicht vervielfältigt wird und jede Vielheit einfaltet und ausfaltet oder hervorbringt[185]; wenn man ihm irgend etwas Beliebiges hinzufügt, indem man zum Beispiel sagt ›das eine Seiende‹, dann bleibt er nicht das Eine einfachhin und geht in die Vielheit über. Die vielen Seienden haben von dem einen ersten Ursprung, daß sie viele sind, vom Seienden haben sie, daß sie Seiende sind; und so ist jede Vielheit als Vielheit vom Einen, und die eingeschränkte Vielheit hat die Einschränkung vom eingeschränkten Einen, so wie die vielen Seienden vom Einen und von dem seienden Einen stammen[186]. Das Seiende hat vom Einen, was auch immer es ist; wird nämlich das Eine aufgehoben, dann bleibt nichts. Und wenn du das richtig beachtest, ergibt sich: Die Hinzufügung

superexaltatum, sed est modus essendi — quod est ens entium — unius participabilis et contrahibilis ad varietatem, sicut de aequalitate imparticipabili et similitudine eius participabili praedixi. Sic entitas est universalis essendi modus participabilis unitatis, et vita modus est essendi specialior et perfectior unitatis participabilis, et intellectus est adhuc perfectior modus. Sed absolutae unitatis contrahibilis unitas similitudo est et imago, quae non est nisi designabilitas sive revelatio eius, uti designabilis indivisibilitas, punctus, se habet ad indivisibile simpliciter indesignabile, scilicet unum absolutum. Patet quod unum ens se habet ad simpliciter unum sicut multa et ad multitudinem entium sicut monas. In unitate entis videtur unum entialiter contractum, et hoc sine multitudine non est possibile. Unum vero principium est super omnem multitudinem exaltatum et expansum. Unum ens in se omnem colligit entium multitudinem, cum nulla entium multitudo esse possit deserta ab uno ente, et explicatur in multitudine unitas entis; sic de vita viventium et intellectu intelligentium et omnibus, quoniam omnis multitudo participat uno et ad monadem suam unitur, multitudo autem unitatum monadialium in primissimo uno complicatur.

Putarunt Platonici unum principium deum esse primissimum et omnium regem et alios esse deos unitatem prime inter omnia entia participantes; nam primissimo deo universalem providentiam adscripserunt, sed aliis diis partialem, quemadmodum legimus angelos praepositos regnis et eis datum nocere terrae et mari; putarunt etiam deos mechanicis artibus praeesse, ut Vulcanum fabrili arti. 4

zum Einen ist nicht eine Hinzufügung zum hocherhabenen Einen, sondern sie ist eine Seinsweise[187] – das ist das Seiende der Seienden – des Einen, welches Teilhabe zuläßt und zur Verschiedenheit eingeschränkt werden kann, so wie ich das vorhin bezüglich der Gleichheit, an der keine Teilhabe möglich ist, und ihrer mitteilbaren Ähnlichkeit gesagt habe[188]. So ist die Seinsheit die allgemeine Seinsweise der mitteilbaren Einheit, und das Leben ist die mehr artmäßige und vollkommenere Seinsweise der mitteilbaren Einheit, und die Vernunft ist eine noch vollkommenere Weise[189]. Aber die einschränkbare Einheit ist Ähnlichkeit und Bild der uneingeschränkten Einheit, sie ist lediglich deren Darstellbarkeit oder Offenbarung und verhält sich wie die darstellbare Unteilbarkeit, der Punkt, zum einfachhin Unteilbaren, das nicht darstellbar ist, nämlich dem uneingeschränkten Einen[190]. Es ist offenbar, daß das seiende Eine sich zum einfachhin Einen verhält wie Vieles, und zur Vielheit der Seienden verhält es sich wie die Zahleneinheit. In der Einheit des Seienden wird das Eine eingeschränkt in der Weise des Seienden geschaut, und das ist ohne Vielheit nicht möglich. Das Eine Prinzip aber ist transzendent erhaben[191] über jede Vielheit. Das seiende Eine faßt in sich die gesamte Vielheit der Seienden[192], weil keine Vielheit der Seienden vom seienden Einen getrennt sein kann[193], und die Einheit des Seienden wird in der Vielheit entfaltet; so verhält es sich auch mit dem Leben der Lebendigen und der Vernunft der vernunfthaft Erkennenden[194] und mit allem, weil jede Vielheit am Einen teilhat[195] und zu ihrer besonderen Einheit geeint wird; die Vielheit der besonderen Einheiten aber wird im allerersten Einen eingefaltet.

40 Die Platoniker glaubten, der eine Ursprung sei der allerhöchste Gott und König aller[196], und es gebe andere Götter, die an der Einheit zuerst unter allen Seienden teilhaben; denn dem allerhöchsten Gott schrieben sie die allgemeine Vorsehung[197] zu, den anderen Göttern aber eine partielle, so wie wir lesen, daß Engel an der Spitze von Königreichen stehen[198] und daß es ihnen gegeben ist, der Erde und dem Meer zu schaden[199]; die Platoniker glaubten auch, daß Götter die handwerklichen Künste leiten, wie zum Beispiel Vulcanus die Schmiedekunst[200]. Sie

Fatebantur autem omnes deos sive intelligentiales sive caelestiales sive mundiales nihil habere nisi sibi datum a primissimo deo omnium rege, quem Iovem appellarunt antiqui, qui omnium rex erat suo tempore nominatissimus; hinc Iovis esse dicebant omnia plena omnia ad unum reducentes, quia multitudo principum mala, si est deserta ab unitate. Unitas autem dat omni regno subsistentiam et divisio desolationem, ut nos docet princeps omnium, rex noster Messias. Isti utique si forent dii, forent novi et recentes et creati, qui ante mundi constitutionem non fuissent et propter mundum essent. Et cum mundus sit propter deum, nos cum Paulo dicimus «quod nullus est deus nisi unus. Nam etsi sunt, qui dicantur dii, sive in caelo sive in terra, scilicet quidem sunt dii multi et domini multi, nobis tamen unus deus, pater, ex quo omnia et nos in illo, et unus dominus Iesus Christus, per quem omnia et nos per ipsum» (I ad Cor. 8⟨4–6⟩). Et hic est, de quo in themate, scilicet principium, qui et loquitur, cui data est omnis potestas, quae in caelo et in terra, cui omnes illi dii creati, de quibus dicunt praedicti, sive virtutes sive potestates subsunt, cum sit verbum dei vivi, per quod sunt omnia, in quo sunt omnes thesauri scientiae absconditi, per quem solum, sicut in esse et saeculum temporale pervenimus, ad intemporale esse et perpetuam vitam reduci poterimus per viam, quam opere et sermone ostendit principium in omnibus principatum tenens Iesus Christus semper benedictus.

9ª Junii 1459.

gaben aber zu, daß alle Götter, gleich ob sie den Regionen der Vernunft, des Himmels oder der Welt zugehören, nur das haben, was ihnen vom allerhöchsten Gott, dem König aller, verliehen wurde[201]. Die Alten nannten ihn Juppiter[202]; er hatte zu seiner Zeit als König aller den ruhmvollsten Namen; daher sagten sie, alles sei von Juppiter erfüllt[203], denn sie führten alles auf das Eine zurück, weil eine Vielheit von Herrschern schlecht ist[204], wenn ihr die Einheit fehlt. Einheit aber verleiht jeder Regierung festen Bestand, Teilung bewirkt Verödung, wie uns der Herrscher aller, der Messias, unser König, lehrt[205]. Wenn jene tatsächlich Götter wären, wären sie neu entstanden und erschaffen; sie hätten vor der Erschaffung der Welt nicht existiert und wären der Welt wegen da. Und da die Welt Gottes wegen da ist, sagen wir mit Paulus, »daß es nur einen Gott gibt. Denn selbst wenn es sogenannte Götter gibt, sei es im Himmel oder auf der Erde – solche Götter und Herren gibt es viele –, so haben wir dennoch nur einen Gott, den Vater, von dem alles ist und in dem wir sind, und den einen Herrn Jesus Christus, durch den alles ist und durch den wir sind« (1 Kor 8, 4–6). Und dieser ist es, der im Thema genannt ist, nämlich der Ursprung, der auch redet, dem alle Gewalt gegeben ist im Himmel und auf der Erde[206], dem alle jene erschaffenen Götter, von denen die vorhin Genannten reden, unterworfen sind, seien es Kräfte oder Mächte[207], weil er das Wort des lebendigen Gottes ist[208], durch das alles ist[209]. In ihm sind alle Schätze der Wissenschaft verborgen[210]; wie wir durch ihn allein in das zeitliche Sein und die zeitliche Welt gekommen sind, so werden wir durch ihn allein zum unzeitlichen Sein und zum ewigen Leben zurückgeführt werden können auf dem Weg, den uns durch Tat und Wort der Ursprung zeigte, der in allem den Vorrang hat[211], Jesus Christus, der allzeit Hochgelobte.

9. Juni 1459

# ANMERKUNGEN

[1] Vgl. hierzu die Einleitung.

[2] In Joh. 38 n. 11, 9–15; vgl. Jo. 8, 24.

[3] In Parm. III, Steel 135, 40–136, 71.

[4] Zu authypostaton vgl. die Einleitung.

[5] Vgl. Proclus, Theol. Plat. III 6, 21, 1–9: »Die unendliche Kraft ist unkörperlich, da auch jede Kraft unkörperlich ist«. Im folgenden sagt Proclus, daß kein Körper im Gegensatz zum authypostaton selbst konstituiert ist. »Feuer – Wärme, Schnee – Kälte«: Die Beispiele stammen aus Platos ›Phaidon‹ 103 cd; Cusanus entnahm sie dem Parmenideskommentar des Proclus, vgl. Steel 135, 46 und die Marginalie 117 »agens incorporeum«.

[6] Hierzu und zum folgenden Text n. 5 vgl. die Einleitung. Zur unteilbaren Ursache des Teilbaren vgl. Proclus, In Parm. IV, Steel 276, 19.

[7] Zur Ergänzung im Text vgl. die Einleitung. Vielheit gleichsam als Andersheit: Vgl. Boethius De trin. 1,13 Stewart-Rand: Prinzip der Vielheit ist die Andersheit. Zur Andersheit vgl. K. Bormann, Zur Lehre des Nikolaus von Kues von der »Andersheit« und deren Quellen, in: MFCG 10, 1973, 130–137.

[8] In Parm. II, Steel 88, 2–16, dazu Marginalie 47. Vgl. ferner die Einleitung.

[9] In Parm. I, Steel 6, 97–3; dazu die Marginalie 5: »nihil mirum idem simile et dissimile«. Proclus paraphrasiert Plato, Parmenides 127 e.

[10] Proclus kommentiert Zenos Argumentaton kurz an der in Anm. 9 angegebenen Stelle, ausführlich II, Steel 87, 66 ff.; zu konsultieren ist hierzu die lange Marginalie 45.

[11] Plato, Parmenides 128a: »Du (Parmenides) sagst nämlich in deinem Gedicht, das All sei Eines, und das beweist du vortrefflich und gut«. Die Stelle ist im Kommentar des Proclus zitiert: Steel 68, 16.

[12] Vgl. oben n. 6 und die Einleitung.

[13] Die frühen Drucke fügen hinter constringuntur »uno« ein; in den Handschriften fehlt es, ohne daß der Sinn sich ändert.

[14] Biblischer Sprachgebrauch, vgl. z. B. Dt 28, 40 »defluent et peribunt«. Zum Inhalt vgl. unten n. 28.

[15] Vgl. Proclus In Parm. VI, Steel 383, 70–77, dazu Marginalie 478: »unum maxime comprehensivum extra quod nihil, et post hoc ens, deinde vita, post intellectus«; in der Schrift Über den Beryll 16 n. 20 schreibt Nikolaus: »Wir erfahren aber das Sein der wahren Dinge in dreifacher Abstufung, insofern daß einige nur sind, andere aber eine einfachere Ähn-

lichkeit der Wahrheit tragen. Deren Sein ist stärker, weil sie dadurch, daß sie sind, leben. Andere tragen eine noch einfachere Ähnlichkeit der Wahrheit, die nämlich, die dadurch, daß sie sind, leben und erkennen. Je einfacher aber das Sein ist, desto stärker und mächtiger ist es. Deshalb ist die uneingeschränkte Einfachheit oder Wahrheit allmächtig.« Zum Ternar »Sein – Leben – Erkennen« vgl. die Quellennachweise in h XI 1 zu n. 19,9–10, ferner De venatione sapientiae n. 10,7 und die Quellennachweise in h XII.

[16] Liber De causis XVI (XVII): »Jede geeinte Kraft ist von größerer Unendlichkeit als die vielfältige Kraft«; Meister Eckhart, Expositio s. ev. S. Joh. n. 718: »Eine geeinte Kraft ist stärker«.

[17] Zur Seinsmöglichkeit oder Seinsmaterie vgl. n. 33.

[18] Vgl. n. 28,11ff.; Proclus In Parm. VII, Steel 452, 10f.: »Nichts ist ohne das Eine [...] Denn daß es ein Seiendes gibt, das nicht am Einen partizipiert, ist völlig unmöglich.« In der Marginalie 570 vermerkt Nikolaus den Gedanken im engen Anschluß an den Text.

[19] Vgl. die Randnotiz 178 zu Proclus, Theol. Platonis II: »bonum ante potentiam et ante actum«. Zu »unum« und »bonum« vgl. Proclus In Parm. VII, Steel 511, 63: » [...] palam quod idem est le unum et le bonum«; Marginalie 609: »[...] palam idem esse bonum et unum [...]«.

[20] Dt 6, 4: »Höre Israel, der Herr unser Gott, der Herr ist einer«.

[21] Jo 8, 54: »Mein Vater ist es, der mich verherrlicht, von dem ihr sagt, daß er euer Gott ist«.

[22] »[...] durch den Namen deines heiligen Sohnes Jesus«; vgl. auch Apg 3, 13: »Der Gott unserer Väter hat seinen Sohn Jesus verherrlicht«.

[23] autounum: Proclus In Parm. I, Steel 75, 47. II, Steel 114, 58. VI, Steel 381, 17–19. 387,15. 387,15; dazu die Marginalie 487: »[...] autounum ab omni multitudine purum«.

[24] Vgl. n. 19. 20. 24. 26. 34.

[25] Zur Übersetzung vgl. die Einleitung.

[26] Vgl. Proclus In Parm. VII, Steel 438, 60ff.: »Wenn diese (Intellekt und Seele) aber durch ihr Sein selbst erschaffen, wird um vieles mehr jenes Eine [...] alles erschaffen«; hierzu die Marginalie 557: »[...] consideravi ego n<icolaus> hic quomodo si suo esse producere convenit uni, intellectui et animae, et unum est fons deitatis, erit intellectus verbum [...]«.

[27] »gleichen Wesens«: Vgl. hierzu das Credo der Messe »[...] consubstantialem patri [...]«.

[28] Vgl. De li non aliud c. 2, S. 5, 23–25: »Der Name des Ersten gebührt ja dem, das sowohl sich selbst als alles andere definiert; denn da es nichts Früheres gibt als das Erste und dieses von allem Späteren unabhängig ist, wird es nur durch sich selbst definiert«.

[29] Jo 5, 26.

[30] Gregorius Magnus Moral. libr. 16, 43: »Gott nämlich ist das, was er hat [...] Sein und Haben sind also in ihm nicht verschieden«.

[31] Vgl. Plato Phaidr. 245d und die Notiz des Nikolaus (cod. Cus. 177 fol. 108r): »Principium aeternum esse ostendit«.

[32] Vgl. hierzu die Einleitung.

[33] Vgl. Thomas von Aquin, Summa theol. I q. 10 a. 2: »sicut <deus> est sua essentia, ita est sua aeternitas«.

[34] Vgl. die in der Einleitung vorgelegte Augustinusstelle (Contra Maximinum II c. 17).

[35] Vgl. Anm. 34.

[36] Wie Nikolaus geht auch Meister Eckhart In Joh. 362 zur Erläuterung der Trinitätslehre von zeitlicher Vaterschaft, Sohnschaft und gegenseitiger Liebe aus.

[37] Vgl. Aristoteles Eth. Nic. 1155a 16ff.

[38] Die Zeit als Abbild der Ewigkeit: Plato Tim. 37d 5; vgl. ferner die Marginalie 35 des Nikolaus zu Proclus, Theol. Platonis I 14: »tempus imago aeterni«; zum Parmenideskommentar notierte Nikolaus mehrmals, daß die Zeit Abbild der Ewigkeit ist, vgl. Marginalien 77. 182.

[39] »Vor der Erschaffung der Welt«: Anspielung auf Jo 17, 5. 24; »in der Zeit gesprochen hat«: vgl. n. 16,2–4.

[40] Zur Unmöglichkeit eines regressus in infinitum vgl. Aristoteles, Met. 994a 1–b 31. 994a 18: »Wenn es kein Erstes gibt, gibt es überhaupt keine Ursache«; b 19: Wenn die Möglichkeit eines unendlichen regressus akzeptiert wird, wird jedes Wissen aufgehoben. Vgl. auch De li non aliud c. 10, S. 23, 10ff.

[41] Zu diesem Beispiel vgl. Aristoteles, Met. 1031b 25.

[42] Vgl. n. 10,2; ferner Thomas von Aquin, Summa theol. I q. 10a. 2: »Gott ist nicht nur ewig, sondern er ist seine Ewigkeit [...] Wie er seine Wesenheit ist, so ist er seine Ewigkeit«.

[43] Zum Unterschied von wirklicher und potentieller Unendlichkeit vgl. Thomas von Aquin, Summa theol. I q. 7: Nur Gott ist aktual unendlich. Daß Nikolaus in ›Tu quis es‹ durch diesen Text angeregt ist, sei nicht behauptet, vgl. nämlich die Erörterung der Unendlichkeit bei Proclus In Parm. VI, Steel 397, 30–404, 48; dazu vornehmlich die Marginalien 505, 508 und 511.

[44] Zu »eingeschränkt – uneingeschränkt« vgl. De docta ign. I c. 2 n. 5–6; II c. 4 n. 112–116. – Zur vorliegenden Stelle: Zwischen »ewig«, »unendlich« und »Ewigkeit«, Unendlichkeit« scheint der Gegensatz von »eingeschränkt« – »uneingeschränkt« zu bestehen, was indessen nicht zutrifft, weil dargelegt wurde, daß das Ewige die Ewigkeit und das Unendliche die Unendlichkeit ist. In allen endlichen Bereichen hingegen trifft zu, daß Eingeschränktes (= Endliches) nicht mit dem Uneingeschränkten identisch ist.

[45] Vgl. Aristoteles Phys. 185b 18: Die Grenze (péras) ist unteilbar; Met. 1022a 4ff.: »Grenze heißt das Äußerste eines jeden, sowohl als Erstes, außerhalb dessen nichts zu finden ist, wie auch als Erstes, innerhalb dessen alles ist«. Daß Nikolaus unmittelbar anschließend das Beispiel einer Wesensangabe bietet, weicht nicht von dem Begriff »Grenze« ab, vgl. Aristoteles a.a.O. a 8–10: Grenze heißt auch die Wesenheit eines jeden; »denn sie ist die Grenze des Erkennens«. Vgl. auch Met. 994b 16; Analytica post. 83a 36-b7.

[46] Daß das Unendliche nicht durchschritten werden kann, auch nicht im Denken, sagt Aristoteles mehrmals, vgl. Analytica post. 83b6; Phys. 263a6.

[47] Die Ausführungen n. 14 gehen zurück auf die umfangreiche Randnotiz 557 zu Proclus In Parm. VII, Steel 438, 60ff.: »si igitur intellectus et anima suo esse producunt, magis le unum. consideravi ego . n . hic quomodo si suo esse producere convenit uni, intellectui et animae et unum est fons deitatis, erit intellectus verbum et anima spiritus sanctus. fontem deitatis nominamus patrem, licet platonici sic non nominent, sed potius verbum sic nominant quia deus conditor«. Unmittelbar anschließend sagt Nikolaus, »in lege machometi« sei, »wie die Araber sagen«, die Rede von dem einen Gott, seinem Wort und seinem Geist oder seiner Seele. Zwischen Platonikern, Juden, Christen und »Arabern« (= Muslimen) bestehe hinsichtlich der Trinität verbale Verschiedenheit, aber sachliche Übereinstimmung.

[48] Proclus nennt viele Triaden, vgl. z. B. In Parm. II, Steel 94, 14 »Wesen, Selbigkeit, Andersheit« und Marginalie 56; In Parm. III, Steel 153, 36: »Das Allererste in dieser Dreifaltigkeit ist das Gute, das Zweite das Schöne, das Dritte aber das Gerechte«, dazu die Marginalie 169; ähnlich In Parm. V, Steel 295, 17 (das Schöne selbst, das Gerechte selbst, das Gute selbst), dazu Marginalie 350; über den Ternar »unum – intellectus – anima« vgl. Anm. 47.

[49] Vgl. Proclus In Parm. I, Steel 72, 32, dazu Marginalie 29: »Homo duplex, exaltatus et participatus. exaltatus ante multos, participatus in multis; primus aeternus, intelligentialis, alius sensibilis, partim mortalis«.

[50] Vgl. Aristoteles Phys. 198a 24ff.; De an. 415b 9ff. Die Quelle des Nikolaus ist jedoch nicht Aristoteles, sondern Albertus Magnus Super Dionysium De div. nom. II 45: »Wir folgen der Meinung des Aristoteles, [...] daß das Erste dreifache Ursächlichkeit hinsichtlich der Dinge hat, nämlich Wirk-, Form- und Zielursächlichkeit«; dazu die Notiz des Nikolaus (cod. Cus. 96 fol. 139rb, 2–6): »nota quomodo tres causae coincidunt«.

[51] Juden und »Sarazenen«: Bezüglich der Juden denkt Nikolaus wahrscheinlich an folgende biblische Texte: Dt 6, 4 (vgl. oben n. 8) : »Der Herr

ist Einer«; Ps 135, 5: »der die Himmel in Vernunft (in intellectu Vulgata) erschaffen hat«; Ps 103, 30: »Sende aus deinen Geist, und sie werden erschaffen werden, und du wirst das Angesicht der Erde erneuern«. De pace fidei c. 9 n. 25: Obschon die Juden vor der Trinität zurückschrecken, weil sie in ihr eine Vielheit vermuten, werden sie freudig der Trinitätslehre zustimmen, wenn sie sie verstanden haben; n. 26: »Viel besser werden die Araber auf diese Weise die Wahrheit erfassen können, als wenn sie nach ihrer Weise sagen, Gott habe Wesenheit und Seele, und hinzufügen, Gott habe das Wort und den Geist«; vgl. hierzu die Cribratio Alkorani II c. 11 n. 112: »Die Araber müssen die Trinität bekennen«.

52 Vgl. hierzu Proclus In Parm. III, Steel 144, 67f. und die lange Randnotiz 147, in der Nikolaus den Gedankengang zusammenfaßt.

53 Über den Wesensgrund oder die Idee des Kreises vgl. Proclus, In Parm. VII, Steel 513, 23ff. und die Marginalie 612; das Beispiel vom Kreis findet sich auch bei Augustinus, De immortalitate animae I 4 n. 6 und bei Meister Eckhart, In Joh. 12.

54 Vgl. Proclus In Parm. VII, Steel 519, 98ff. und die Marginalie 618: »Jede Wahrheit ist in ihm, es selbst aber transzendiert jede Wahrheit«.

55 Daß die Geschöpfe ein Sprechen Gottes sind, sagt Nikolaus mehrmals, vgl. z.B. Compendium n. 19, 16–22. 21, 9–11; De beryllo n. 54 und die Quellenangaben.

56 Vgl. die Marginalie 351: »Offenbar ist die Definition ein Sprechen des Intellekts zur Seele. Denn das, was der Intellekt schaut, will er der Seele offenbaren, und diese Offenbarung ist die Definition, so wie wenn Sokrates etwas gesehen hat, das er Plato, der es nicht gesehen hat, offenbaren will«.

57 Vgl. Aristoteles Met. 993 b 23–26; Thomas von Aquin Summa theol. I q. 2 a. 3 (quarta via ).

58 Vgl. Brief an die Philipper 3, 20. Über die Ordnungen der Engel vgl. Ps-Dionysius Areopagita De caelesti hierarchia.

59 Jo 8, 26–27.

60 Derselbe Satz wird unten n. 18, 11–12 wiederholt; vgl. auch n. 19, 10–11 und n. 34, 8; ferner De li non aliud c. 2 S. 5, 31; Meister Eckhart In Joh. n. 73 und 74.

61 Vgl. Jo 3, 35. 13, 3.

62 Das Neutrum bezeichnet die göttliche Wesenheit, das Maskulinum die Person; vgl. z.B. Meister Eckhart In Joh. n. 5.

63 Vgl. Jo 5, 26; oben n. 9 und Anm. 29.

64 Vgl. das »Credo« der Messe: »Deum de deo, lumen de lumine«; Augustinus In Joh. 39 n. 1, 15–18.

65 Jo 8, 28: »Wenn ihr den Menschensohn erhöht habt, dann werdet ihr erkennen, daß ich es bin«. Augustinus In Joh. 49 n. 8, 9–11 bringt diesen

Text mit Ex. 3, 14 in Verbindung, wie es auch bei Nikolaus der Fall ist (vgl. den nächsten Satz).

[66] Vgl. hierzu die Einleitung.

[67] Avicenna Met. I 5 (31, 1–4); vgl. ferner Thomas von Aquin De veritate q. 1 a. 1 mit Berufung auf Avicenna: »Illud autem quod primo intellectus concipit quasi notissimum [...] est ens«; Meister Eckhart Prologus gen. in opus tripart. n. 9 S. 154, 4.

[68] Vgl. Proclus In Parm. VI, Steel 381, 98f.; Theol. Plat. I 4 (CT III 2. 1 n. 14 mit dem dort vorgelegten Text). Zum Vorhergehenden: Plato Tim. 31 a 2ff.

[69] Hierzu und zum folgenden vgl. die Einleitung.

[70] Zum unbenennbaren Ursprung vgl. auch De li non aliud c. 10, S. 21, 17–20: »Zuerst siehst du, daß das ›Nicht andere‹ unbenennbar ist, weil kein Name an es heranreicht, weil es allem vorangeht; jeder Name ist dennoch das, was er ist, durch Teilnahme an ihm; es heißt also das am wenigsten Benennbare«; hierzu Proclus In Parm. VI, Steel 371, 2: »quod <unum> neque nominabile neque dicibile est«; Nikolaus notierte diese Stelle wörtlich in der Marginalie 447.

[71] Proclus In Parm. VII, Steel 424, 19f., dazu die Marginalie 546: »authypostaton necessarie est divisibile esse secundum melius et deterius«; Steel 424, 25–27 und die Marginalie 547: »unum non est authypostaton, quia ipsum qualitercumque divisibile, sed non unum; est enim unum authypostatorum causa«.

[72] Daß das absolute Eine jede Andersheit transzendiert, sagt Proclus im Anschluß an Plato mehrmals, vgl. z. B. In Parm. VII, Steel 454, 93–96; Nikolaus notiert dazu (Marginalie 576): »unum supra identitatem et alteritatem«.

[73] Hier folgt Nikolaus einer von Proclus abgelehnten Deutung, vgl. In Parm. VII, Steel 424, 11ff.

[74] Hier folgt Nikolaus wieder der Auffassung des Proclus, vgl. In Parm. I, Steel 15, 90: »<ab uno> et multa entia et sunt entia et denominationem habent«; ferner Meister Eckhart In Joh. 74 (61, 13f.): »Principium denominat suum principiatum«. Vgl. auch die Einleitung.

[75] Vgl. Proclus In Parm. I, Steel 72, 32ff. und die Marginalie 29: »Homo duplex, exaltatus et participatus; exaltatus ante multos, participatus in multis; primus aeternus, intelligentialis, alius sensibilis, partim mortalis«.

[76] Vgl. De aequalitate n. 9, 10ff: »In unmittelbarer Schau durchforscht die Seele ihrer Natur nach alles und mißt es. Und auf Grund der begrifflichen Wahrheit beurteilt sie die Wahrheit in den anderen Dingen. Und auf Grund der Wahrheit, die sie in den anderen Dingen verschieden erfährt, wendet sie sich zu sich zurück, um die in den anderen verschieden ge-

schaute in sich ohne Verschiedenheit zu schauen, so daß sie alles in sich begrifflich wie in einem Spiegel der Wahrheit erblickt und sich als den Begriff aller Dinge erkennt« 10, 14ff.: »Während nun die Seele schaut, daß sie den Begriff der Welt, der die Begriffe für alle Dinge der Welt umfängt, ganz in sich trägt, schaut sie, daß das Wort oder das Begriffsbild von allem und der Name aller Namen in ihr ist, auf Grund dessen sie den Begriff für alle Namen schafft. Und sie sieht, daß alle Namen ihren eigenen Namen entfalten, da ja die Namen nur die Begriffe der Dinge sind« (Übersetzung von Josef Koch; im Anschluß an die Übersetzung dieser Stelle schrieb J. Koch S. 83: »[...] es wäre interessant festzustellen, wann notio die Bedeutung ›Begriff‹ erhält.« Hierzu: Notio bedeutet schon bei Cicero ›Begriff‹, vgl. Top. 31; Fin. 1, 31; Nat. deor. 2,13; Off. 3, 81 u.a.).

77 Schöpfer der Seienden – Schöpfer der Begriffe: Vgl. Proclus In Parm. IV, Steel 228, 12f. und die Marginalie 301: »conditor intellectus mundi factor, omnium causa, secundum intelligibile in ipso essendi omnibus est causa [...]«; In Parm. III, Steel 151, 79: »Divinus quidem et conditor intellectus [...]«, dazu Marginalie 166; Steel 162, 33f.: »[...] in ipso quidem conditore intellectu [...]«; vgl. auch De beryllo n. 4, 9 (u.a.) und die dort vorgelegten Quellennachweise. Zum Intellekt als Nachbildner vgl. Proclus In Parm. III, Steel 150, 52: »<intellectus> assimilativus«; indessen geht die Lehre des Nikolaus vom menschlichen Intellekt als Schöpfer der Begriffe nicht auf Proclus zurück; zur schöpferischen Tätigkeit des menschlichen Geistes vgl. De coniecturis n. 5 und De beryllo n. 7.

78 Proclus In Parm. IV, Steel 272, 85–90: »Ipso enim se ipsum intelligere novit omnia quorum causa est [...] se ipsum solum sciens novit omnia«; Nikolaus vermerkt dazu (Marginalie 318): »[...] se cognoscendo omnia cognoscit«. Vgl. oben n. 9.

79 Bereits Philo von Alexandria (De migratione Abrahami 103) nennt den Logos Gottes ›Idee der Ideen‹; Nikolaus entlehnte die Formulierung der Schule von Chartres, vgl. z.B. Thierry von Chartres, Lectiones II 38 u.a.

80 Vgl. Proclus In Parm. IV, Steel 219, 25–29, dazu die Marginalie 276: »anima omnes est species et locus specierum non potentia solum inexistentium ut ait Aristoteles sed actu quidem« (Aristoteles: De an. 429a 27).

81 Jo 8, 58.

82 Jo 17, 24.

83 Jo 17, 5.

84 Vgl. Ecclesiasticus 24, 5. 14; vgl. De beryllo n. 35, 15.

85 Vgl. Johannes Scottus Periphyseon III 17. Zum »Werdenkönnen« vgl. De venatione sapientiae n. 14ff. und die Anmerkung zu n. 14, 3.

86 Vgl. Proclus In Parm., VII, Steel 407, 28: »Nihil enim erat ante unum«.

87 Proverbia 8, 23.

[88] Vgl. Ps.-Dionysius Areopagita De divinis nominibus V 5; De li non aliud c. 14, S. 34, 12 f.: »Deus ante habet, ut ante sit et eminentissime sit excellenterque ipsum esse habeat.« Dieses Zitat aus Ps.-Dionysius kommentiert Nikolaus a.a.O. c. 15, S. 39, 15 ff.: »Du konntest auch sehen, wie der Theologe (= Ps.-Dionys)« [...] sagt, »Gott habe das ›vor‹, damit er ›vor‹ sei und auf die überragendste Weise sei. Dennoch wird das Nichtandere vor dem ›vor‹ geschaut, weil das ›vor‹ nichts anderes als das ›vor‹ ist. Da das ›vor‹ nur vor etwas, dem es vorangeht, erkannt wird, ist das Nichtandere auf die überragendste Weise das ›vor‹ selbst, weil es allem anderen vorangeht«. A.a.O. S. 39, 27 ff.: »Dadurch also, daß ich Gott in vorgängiger Weise als das Nichtandere selbst sehe, sehe ich alles in ihm als ihn selbst.«

[89] Genesis 1, 3.

[90] Jo 1,4: »In ihm war das Leben, und das Leben war das Licht der Menschen«; 1,9: »Er war das wahre Licht, das jeden Menschen erleuchtet, der in diese Welt kommt«; 8,12: »Ich bin das Licht der Welt«.

[91] Vgl. De li non aliud c. 3, S. 7, 1 ff.: »Die Theologen sagen, daß Gott uns klarer im Rätsel des Lichts erstrahle, weil wir durch das Sinnenfällige zum Intelligiblen aufsteigen. Das Licht selbst nun, das Gott ist, ist vor anderem irgendwie benennbaren Licht und vor anderem einfachhin. Das aber, was vor anderem gesehen wird, ist nicht anders. Da jenes Licht also das Nichtandere selbst und kein benennbares Licht ist, leuchtet es im sinnenfälligen Licht«.

[92] Proclus In Parm. VII, Steel 424, 25–29; dazu Marginalie 547: »Unum non est authypostaton, quia ipsum qualitercumque divisibile, sed non unum; est enim unum authypostatorum causa«.

[93] Proclus In Parm. VII, Steel 419, 51 ff.; dazu Marginalie 537: »Unum omnium causa, et ipsius nulla est causa, et cur, hic vide«.

[94] Plato Epist. II 312 e; Proclus In Parm. VI, Steel 382, 39 f.; dazu Marginalie 476: »Primum vere unum, omnium rex et ipsum bonum«; ferner De beryllo n. 16; De li non aliud c. 21, S. 51, 10.

[95] Vgl. Proclus In Parm. VI, Steel 362, 2–7; dazu Marginalie 422: »Omnia negantur ab uno deo deorum«.

[96] Vgl. Proclus In Parm. III, Steel 145, 2; dazu die Marginalie 149; Proclus a.a.O., Steel 147, 39; dazu Marginalie 152; Proclus a.a.O. VI, Steel 392, 46 ff.: Die beste affirmative Aussage über das Eine ist ›Quelle der Gottheit‹. Nikolaus notiert dazu (Marginalie 497): »Plato nihil de deo affirmat; sed si quid de eo affirmandum est, tunc fons deitatis potius nominatur secundum Proculum. Dicimus tamen ipsum principium et causam omnium et finem omnium et desiderabile omnibus; illius gratia omnia et id causa omnium bonorum. Per quae non dicimus quid est, sed qualiter se habent quae post ipsum ad ipsum«.

[97] Vgl. Proclus, Theol. Platonis III 12 (Saffrey-Westerink 46, 7; dort vom ipsum esse gesagt): »Primum quidem secundum causam omnia est, et ut saepe diximus occulte«; Nikolaus brachte ein Merkzeichen an (Marginalie 235). Bezüglich des überseienden Einen ist zu vergleichen Plotin Enn. V 2, 1, 1: »Das Eine ist alles und doch nicht Eins; es ist nämlich Ursprung aller, nicht alles, sondern auf jene Weise (= transzendent) alles«. Marius Victorinus übernahm diesen Text (Adv. Arium IV 22): »Nonnulli autem dixerunt deum esse unum omnia et nec unum, omnium enim principium, unde non omnia, sed illo modo omnia«. In der Anwendung auf den christlichen Gottesbegriff ergibt sich hieraus bei Marius Victorinus a.a.O.: »Qui cum unum non est, magis omnia est, quia et omnium causa est atque principium et in omnibus omne«.

[98] Im lateinischen Text heißt es: »Et sicut negat unum [...] non subsistere per se«; zur doppelten Verneinung vgl. oben n. 9, 1 und Anm. 25.

[99] Daß das höchste Prinzip auch den Seinsbereich transzendiert, sagen die sogenannten Neuplatoniker im Anschluß an Plato Politeia 509b 7f. und Parmenides 141e 9; vgl. z.B. Proclus In Parm. VI. Steel 354, 55–58: »Totaliter enim neque inconveniens est dicere non esse le unum, neque utique concludet aliquis de ipsa nihil impossibilium talem hypothesin assumens. Illud enim le unum le primissimum totorum non est, sed et ipso esse melius est«. Nikolaus folgt der platonischen und neuplatonischen Lehre.

[100] Nicht im Raum: Proclus In Parm. VII, Steel 413, 35f.: »Dicitur autem et deus esse nusquam, quia ab omnibus exaltatus est«; dazu die Marginalie 521; Proclus a.a.O., Steel 417, 79 und die Marginalie 531. Nicht in der Zeit: Proclus In Parm. VII, Steel 474, 20ff.: »Quod autem le unum tempore omnino non est participans, ostendit demonstrans etc.«; dazu die Marginalie 589: »Unum non est participans tempore; quod sic probatur«.

[101] Proclus In Parm. VI, Steel 407, 28: »Ab uno autem omnia abnegat <Plato>, affirmat autem nihil«; dazu die Marginalie 518: »Plato ab uno omnia negat et de eo nihil affirmat«.

[102] Proclus In Parm. VII, Steel 419, 52: Alle intelligiblen Ordnungen bestehen »ganz zugleich und auf einmal« durch das Eine.

[103] Proclus In Parm. VI, Steel 359,10–22; dazu die Marginalien 410–412: Das Eine ist unteilbar; Steel 360, 44ff. und Marginalie 415: Teilhabe am Einen ist unmöglich; Proclus a. a. O., Steel 376, 49: »Das Eine kann nicht vervielfältigt werden«, was Nikolaus in der Marginalie 462 vermerkt; vgl. auch Proclus a.a.O. VII, Steel 447, 63 und die Marginalie 563.

[104] Proclus In Parm. VII, Steel 25ff.; dazu die Marginalie 590: »Ante Platonem putabant omnes omnia contineri tempore, et quod aeternum esset tempus infinitum«. Vgl. auch oben n. 10.

[105] Vgl. oben n. 23 und Anm. 88.

[106] Vgl. Plato Parmenides 137c 4ff.; Proclus In Parm. VII, Steel 519, 98ff.; dazu die Marginalien 618: »veritas omnis in ipso, melius autem ipsum omni veritate«; 619: »Plato simul mentiri dicit affirmationes et abnegationes in deo indicibili«; 620: »contradictio in indicibili simul falsa, in solis dicibilibus dividit verum et falsum«.

[107] Vgl. oben n. 6 und 7.

[108] Vgl. oben n. 19, 10–13. Proclus In Parm. VII, Steel 518, 72ff.; dazu die Marginalien 616 und 617. Zu der Unterscheidung von »de uno« und »circa unum« bei Proclus und Nikolaus a.a.O. vgl. Proclus In Parm. VII, Steel 456, 49ff.: »Wir sagen zwar etwas über das Eine aus, aber diese Aussagen reichen nicht an das Eine hinan«.

[109] Proclus In Parm. VII, Steel 511, 60ff.; dazu die Marginalie 609: »[...] unum non habet nomen [...]«; vgl. ferner Anm. 108, Proclustext und Marginalien 616: »[...] primo non convenit hoc nomen unum, sed noster conceptus ipsum format, et sic circa ipsum non sunt negationes, quia exaltatum super omnem oppositionem et negationem, sed de ipso«; 617: »sermo circa unum non est quia indeterminabile, sed de uno est nobis dicentibus quod indicibile«.

[110] Vgl. oben n. 19 und 24 sowie Anm. 109; ferner Proclus In Parm. VI, Steel 403, 16–18, Nikolaus notierte diesen Text fast wörtlich (Marginalie 510): »In omni oppositione necessarium est unum exaltatum esse ab ambobuș oppositis et non esse neutrum ipsorum aut ipsum magis nomine melioris appellari«; denselben Text exzerpierte Nikolaus schon sehr früh, vgl. das Exzerpt im codex Argentoratensis 84.

[111] Proclus In Parm. VII, Steel 519, 2f. und Marginalie 619: »Plato simul mentiri dicit affirmationes et abnegationers in deo indicibili« (vgl. Anm. 106).

[112] Proclus In Parm. VII, Steel 514, 44f.: »Quare omni sensui incomprehensibile est et omni opinioni et scientiae omni et omni rationi, et omnibus nominibus incomprehensibile«.

[113] Proclus In Parm. VII, Steel 513, 13ff. und die Marginalie 611: »Unum et bonum videntur penetrare omnia entia et ideo inter alia nomina videntur innominabili deo propius convenire«.

[114] Proclus In Parm. VII, Steel 511, 60ff. und die Marginalie 609.

[115] Zur Formulierung vgl. Anselm von Canterbury, Proslogion 2; inhaltlich ist wiederum Proclus die Quelle, vgl. In Parm. VII, Steel 419, 61ff. und die Marginalien 538–540.

[116] Vgl. Proclus In Parm. VI, Steel 382, 39f. und die Marginalie 476: »Primum vere unum, omnium rex et ipsum bonum«.

[117] J. Kochs treffliche Konjektur hat den an dieser Stelle in den Handschriften und Drucken verderbten Text saniert. Zu »autounum« vgl. oben n. 8,21 und Anm. 23.

118 Zu n.27 vgl. Proclus In Parm. VII, Steel 509, 99–511, 81; dazu die Marginalien 606–610. Daß alles naturgemäß zum Einen und Guten strebt, erörtert Proclus mehrmals, vgl. z.B. In Parm. VI, Steel 397, 11f.; Nikolaus exzerpierte die Textstelle fast wörtlich (Marginalie 503): »Omnis naturalis appetitus ad unum ut singulariter bonum tendit«; ferner In Parm. VII, Steel 419, 61ff.; dazu die Marginalien 538–541. Vgl. auch Anm. 119.

119 Proclus In Parm. VII, Steel 509, 99–5.

120 In Parm. VII, Steel 513, 3–15; dazu die Marginalie 611: »Unum et bonum videntur penetrare omnia entia, et ideo inter alia nomina videntur innominabili deo propius convenire«. Daß alles nach dem Guten strebt, sagt bekanntlich Aristoteles am Anfang der Nikomachischen Ethik 1094a 1–3.

121 Vgl. oben n.7. Proclus In Parm. II, Steel 87, 89f.: »Multitudinem ergo desertam ab uno impossibile esse«.

122 Proclus In Parm. I, Steel 75, 24ff.; dazu die Marginalie 36.

123 Zur Unterscheidung von »unum exaltatum« und »unum participatum et multitudini coordinatum«, die von Proclus ausführlich erörtert wird (vgl. Anm. 122), sei auf die kurze und klare Formulierung In Parm. VII, Steel 498, 96–99 verwiesen: »Novit enim <Plato> quod le unum duplex, et aliud quidem exaltatum, aliud autem enti coordinatum; hoc enim comparabile aliqualiter ad ens ut participans ipso et participatum ab ipso, illud autem incomparabile et ab omnibus imparticipabile«.

124 Proclus In Parm. VI, Steel 353, 13–15: »Etenim hoc erat Parmenidi propositum ostendere quomodo uno ente omnia egenerantur entia et quomodo non ente interimuntur omnia et nihil adhuc nusquam erit«; dazu die Marginalie 402.

125 Daß alle Seienden nach dem Sein und der Vollkommenheit des Seins verlangen, verlangen, ist ein im Mittelalter oft zitierter Satz Avicennas (Met. VIII 6), vgl. die Quellennachweise Serm. CCXIII n.18 zu »esse quod omnia appetunt«. Für einen Platoniker wie Nikolaus ist charakteristisch, daß er das Verlangen nach dem Sein als Verlangen nach dem absolut transzendenten Einen deutet.

126 Das abgeleitet Seiende – das ursprünglich Seiende, lateinisch: »quod est secunde – quod est prime«; »secunde« und »prime« sind adverbial zu verstehen, wie es dem Proclustext entspricht, vgl. z.B. In Parm. I, Steel 5, 70: »Nam prime ens unum est« (= Cousin 620, 15); In Parm. VI, Steel 392, 56: »Nam le prime ens causa aliis essendi secunde quod dicuntur prime« (= Cousin 1109, 19).

127 Zu diesem Satz vgl. Proclus In Parm VII, Steel 504, 52–67.

128 Vgl. De docta ignorantia I n.10.

129 J.Koch (Über den Ursprung, Anm. 113 S. 94) wies nach, daß n.30 aus zwei Proclustexten kompiliert ist: 1) In Parm. I, Steel 4, 49–6, 96. Hier

erläutert Proclus den Unterschied zwischen Parmenides und Zenon von Elea und sagt, daß es sowohl ein Seiendes als auch viele geben müsse (Steel 5, 63): »Oportet quidem enim et unum esse ens et multa«. Hierzu vgl. die Marginalie 3: »Oportet unum esse ens et multa, et hoc probat, quia omnis unitas habet aliquam sibi coniugam multitudinem, et omnis multitudo ab aliqua unitate sibi convenienti continetur. Et quia multitudinis causa unitas, sine qua esse nequit, ideo ad unialem unitatis causam respicientes ens unum protulerunt <Parmenides et Zenon> omnem multitudinem in uno considerantes«. 2) In Parm. I, Steel 74, 10ff. legt Proclus dar, daß Parmenides über das »unum exaltatum« Zeno über das »unum coordinatum« sprach (Steel 74, 10–12): »Parmenides quidem igitur, ut dixi saepe iam, monadem hanc entis inspiciens (so cod. Cus 186), exaltatam scilicet a multitudine entium, sic unum vocabat le ens, dividens ab ipso multitudinem progressorum«; (Steel 75, 44–46): »Nam le non multa Zenonis ad illud unum, quod in multis unum, nos reduxit, non ad id quod ante multa. Quare hic quidem ostendebat coordinatum unum, hic autem <scil. Parmenides> quod exaltatum«. Vgl auch die Marginalie 37.

[130] »unialem« bietet der Proclustext, die Handschriften und frühen Drucke von ›Tu quis es‹ haben virtualem. J. Koch vermutete richtig (Über den Ursprung Anm. 114 S. 95), daß virtualem ein Kopistenfehler ist.

[131] Vgl. oben n. 28 und Anm. 121.

[132] Proclus In Parm. I, Steel 6, 92: »Quare et ipse moriens patris Parmenidis sermonem salutabat«; dazu die Marginalie 4: »Zenon moriens salvabat Parmenidem«; »moriens« ist ein Übersetzungsfehler des Wilhelm von Moerbeke (»schließlich«); vgl. auch die Einleitung.

[133] Vgl. Anm. 129.

[134] Gemeint ist De aequalitate. Vgl. auch De venatione sapientiae n. 70 und die Anmerkungen.

[135] Zu n. 31 vgl. Proclus In Parm. I, Steel 76, 51–63. Aus dem letzten Satz dieses Abschnitte geht hervor, daß Proclus mit den »bestimmten Philosophen« gemeint ist: »Nos autem <dualitatem> et unum et multitudinem et multitudinem ipsius unialem et unum duificum ›dicimus‹«; dazu die Marginalie 38: »Nota argumentum de dualitate quod unitas sit et multitudo«.

[136] Vgl. oben n. 6,6: »Das Partizipierte ist in jedem Falle dem Partizipierenden übergeordnet«.

[137] Zu n. 32 vgl. Proclus In Parm. III, Steel 150, 50–151, 69: »Dicatur autem et nunc planius quod duo entium principia et secundum Platonem post unum sunt, scilicet finis et infinitum [...]«; dazu die Marginalien 162. 163. 165.

[138] Proclus In Parm. VI, Steel 399, 00–400, 2; dazu die Marginalie 506: »Species et forma termini materiae«.

[139] Vgl. hierzu die Einleitung.

[140] Vgl. die Ausführungen des Proclus über »infinitum«, In Parm. VI, Steel 399, 75 ff.; dazu die Marginalien 505. 507. 508. 509. 514 und 516; ferner De li non aliud c. 6 S. 14, 19 ff.: »Ex quo constat unicuique deum innominabilem omnia nominare, infinitum omnia finire, interminum omnia terminare et de omnibus eodem modo«. Zum Vorhergehenden »für die es keine Grenze gibt« vgl. das Credo der Messe »cuius regni non erit finis«.

[141] Zur begrenzbaren Unbegrenztheit vgl. oben n. 8, 12; es handelt sich um die possibilitas essendi.

[142] Vgl. oben n. 9,6: Der Logos als das Wort Gottes faltet alles Definierbare in sich ein, ferner n. 15.

[143] Zur Koinzidenz des Machenkönnens mit dem Werdenkönnen vgl. den Gottesbegriff der Schrift ›De possest‹: Gott ist das Possest.

[144] Vgl. hierzu Plato Leges 903 d ff.; Proclus Elementatio theologica 122; In Parm. III, Steel 138, 59 ff.; Albertus Magnus Super Dionys. De divinis nominibus II 44 (73 a, 28 f.); IV 35 (141 b, 40 f.): »formae dantur secundum merita materiae« und die Notiz des Nikolaus zur Stelle; Thomas von Aquin Quaest. disp. De anima a. 8 obi. 16: »Plato dicit quod formae dantur a datore secundum merita materiae«; Meister Eckhart In Joh. 182.

[145] Vgl. oben n. 9–14.

[146] Vgl. oben n. 22–23.

[147] Vgl. oben n. 6–8 und n. 25.

[148] Proclus In Parm. VI, Steel 379, 36 ff.: »Non ergo multa le unum, sed causa multorum, Sic enim non multa, ut le non multa sit generativum multorum. Sed haec quidem de abnegatione secundum communem conceptum, ut dictum est, sumpta« (cod. Cus. 186: supra); dazu die Marginalie 468: »Unum causa multorum, quoniam non multa et negativa non multa est generativum multorum«. Vgl. auch die Marginalien 465. 459–460 und den beigefügten Proclustext.

[149] Vgl. Proclus In Parm. VI, Steel 392, 58 ff.; dazu die Marginalie 498.

[150] Proclus In Parm. VI, Steel 366, 43 ff.: »Sed si me oportet breviter dicere quod videtur, sicut le unum causa est totorum, sic et negationes causae affirmationum sunt [...]«; dazu die Marginalie 436.

[151] Vgl. oben n. 17,4.

[152] Proclus In Parm. VII, Steel 420, 94: »[...] in causa esse melius eo quod in se ipso«; dazu die Marginalie 542. Vgl. auch Aristoteles, Met. 993 b 24–31; Analytica posteriora 72 a 29. Zu konsultieren ist auch De venatione sapientiae n. 19.

[153] Vgl. Proclus In Parm. VI, Steel 364, 74 ff.; dazu die Marginalien 430–432. 434 und besonders 436: »[...] Sicut unum causa totorum, sic negationes causae affirmationum [...]«; vgl. auch De li non aliud c. 23,

S. 55, 29–31: »Cum dicitur non ens praecedere ens, hoc non ens ente quidem melius est secundum ipsum Platonem, ita etiam negativa, quae affirmationem praecedit«.

[154] Proclus In Parm. VI, Steel 371, 80 ff.: »Quod autem rursum ante ens unum, non ens quidem est, non tamen et nihil. Unum enim ens, impossibile ipsum dicere nihil […]« Steel 367, 63: »In uno autem <negationes> causae insinuant supereminentiam, et huius meliores sunt affirmationibus«. Das absolute unum transzendiert den Seinsbereich (Proclus a.a.O. VII, Steel 503, 28: »le unum ultra ens«) und ist »melius omni entium cognitione«, während das absolute Nichts »decidens ab eo quod qualitercumque esse cognoscibile« ist (a.a.O. 503, 45 f.).

[155] Vgl. Anm. 154, ferner Proclus In Parm. VI, Steel 411, 55: »[…] abnegationes, ut ostensum est, sunt matres affirmationum«; dazu Marginalie 520: »Affirmationes matres affirmationum«; In Parm. VII, Steel 470, 98 f.: »Nam abnegatio est generatio, ut saepe dictum est, affirmationis«; dazu Marginalie 585: »Abnegatio generatio affirmationis«.

[156] Zu n. 34 vgl. oben n. 26, ferner Proclus In Parm. VI, Steel 367, 77–368, 87: »Propter quod mihi videtur saepe et opposita abnegare, puta quod <unum> neque totum neque pars, neque idem neque alterum, neque stans neque motum. Ab omni enim exaltatum est le unum oppositione […] Quod autem omnis oppositionis est causa, ipsum ad nihil opponitur«. In den Marginalien 440 und 441 notierte Nikolaus den Inhalt dieser Textstelle. – In der langen Marginalie 439 legt Nikolaus im Anschluß an Proclus In Parm. VI, Steel 367, 53–77 Überlegungen vor, die in De Possest erweitert werden (vgl. dort n. 54–56): »Nota et considera quomodo ›in‹ dicitur ut ›non‹ et ›valde‹ […] illa si simul consideras, ut unum et idem sit ›non‹ et ›valde‹, tunc subintrare poteris intellectum huius, scilicet quomodo negatio est plus quam affirmatio […]« Vgl. ferner die Marginalie 514.

[157] Vgl. oben n. 19 und De li non aliud c. 6, S. 15, 6 f.: »Ich sehe also Gott nicht als den Unbenennbaren, als ob er des Namens ermangelte, sondern weil er vor <jedem> Namen ist«; vgl. besonders die umfangreiche Marginalie 609: »Nota cur unum non habet nomen […]«.

[158] Vgl. De venatione sapientiae 120, 7: »Omnis enim multitudinis unitas est principium«; Proclus In Parm. II, Steel 88, 2 ff. und die Marginalie 47; VI, Steel 384, 9–385, 32; dazu die Marginalien 480–481.

[159] Vgl. oben n. 10 und n. 25.

[160] Proclus In Parm. VII, Steel 447, 49–66; dazu die Marginalie 563: »Unum imparticipabile et immultiplicatum est primum et maxime unum, et participabile unum est aliud unum«.

[161] Proclus In Parm. VII, Steel 469, 73 ff.: »[…] le unum incomparabile omnibus his quae post ipsum et ab eo existentiam habentibus neque ae-

quale neque inaequale esse poterit illis«; dazu die Marginalie 583: »Unum incomparabile omnibus«.

[162] Über die zeitliche und die ewige Welt vgl. unten n. 37–38.

[163] Zwischen Sein und Nichtsein gibt es kein Mittleres, Aristoteles Met. 1011 b 23 ff.; vgl. auch De beryllo n. 51 und die Anm. zu 51,13 (H 2, 31987).

[164] Vgl. oben n. 30, 19–22.

[165] Vgl. Anm. 163 und Aristoteles, Met. 1005 b 19 ff.

[166] Über die Andersheit vgl. vornehmlich De coniecturis I c. 9–10; De visione dei c. 14; Proclus z. B. In Parm. VII, Steel 449, 34 ff. (Kurzer Überblick über die Alteritas-Konzeption von Plato bis Nikolaus von Kues: K. Bormann, Platon, Freiburg 31993, 63–69).

[167] Daß der Ursprung, d. h. Gott, die Wahrheit der Geschöpfe ist, sagt nicht nur Nikolaus mehrmals, vgl. z. B. De filiatione dei n. 62, 3 und die Anmerkungen zur Stelle. Vgl. ferner Jo 14, 6: »Ich bin der Weg, die Wahrheit und das Leben«; Johannes Scottus Periphyseon III 9: »[...] insinuat omnem creaturam per se consideratam nihil esse, quidquid autem in ea intellegitur subsistere, ex participatione creatricis veritatis subsistit«; Proclus In Parm. III, Steel 164, 91 ff.: »Omne enim genitum et omne qualitercumque existens [...] ex causa habet esse«; a.a.O. VII, Steel 519, 98 f.: »Etenim omnis veritas in ipso, melius autem ipsum omni veritate«; Nikolaus notiert diesen Satz fast wörtlich (Marginalie 618).

[168] Vgl. oben n. 22, 2; Jo 17, 24.

[169] Vgl. hierzu De docta ignorantia I c. 3: »Quod praecisa veritas sit incomprehensibilis«.

[170] Jo 14, 17.

[171] Vgl. z. B. De docta ignorantia II n. 120. Johannes Scottus Periphyseon III 28: »Omne quod in ipso est, ipse est«.

[172] Die erschaffende Welt ist Gott, vgl. auch n. 38. – Zum Text: Die einzig sinnvolle Lesart bietet der codex Laurentianus Ashburnham 1374 »quod soli deo sive constituenti mundo convenit«, die beiden anderen Handschriften haben »quod solo deo sine constituente mundo convenit«.

[173] 1 Jo 5, 19.

[174] Zum Text: Richtig interpungiert ist nur im codex Laurentianus Ashburnham 1374; die beiden anderen Handschriften interpungieren vor »in principio verbum erat«.

[175] Vgl. Jo 1, 1: »In principio erat verbum«.

[176] Vgl. Jo 1, 3: »Omnia per ipsum facta sunt et sine ipso factum est nihil«.

[177] Vgl. oben n. 21–22 und Compendium n. 20.

[178] Proclus In Parm. VI, Steel 367, 78: »<le unum> neque idem neque alterum«; dazu die Marginalie 440; ferner Proclus a.a.O. VII, Steel 450, 59–454, 96; dazu vornehmlich die Marginalie 576: »Unum supra identita-

tem et alteritatem«. Proclus beweist, daß das überseiende Eine auch die höchsten Seinsbereiche (die mégista géne, vgl. dazu Platons ›Sophistes‹ 251 a ff.) transzendiert.

[179] Vgl. Proclus In Parm. VI, Steel 367, 53–77; dazu die Marginalie 440: »Omnia quae abnegantur ab uno, ex ipso procedunt; oportet enim ipsum nil esse omnium, ut sint omnia ab ipso«. Der Wortlaut der Marginalie entspricht fast wörtlich dem Proclustext.

[180] Proclus In Parm. IV, Steel 214, 74 f: »[...] veraciter causa ubique ab effectibus exaltata est penitus«; dazu die Marginalie 267: »Veraciter causa ubique ab effectibus exaltata«.

[181] Proclus In Parm. VI, Steel 361, 64 ff.: »[...] ut non connumeretur secundis le unum, melius existens omni connumeratione ad ea quae post ipsum [...]«.

[182] Bei Proclus (In Parm. IV, Steel 213, 43 ff.) handelt es sich um die Erörterung des Arguments vom »dritten Menschen« (Plato, Parm. 132 a 6 ff.); vgl. auch die Marginalie 264.

[183] Apostelgeschichte 17, 27 f.

[184] Proclus In Parm. VI, Steel 367, 72 ff.; gemeint ist die Eins, die als Prinzip der Zahlen selbst keine Zahl ist; vgl. hierzu Aristoteles Met. 1016 b 18; 1021 a 12 u. a.

[185] Proclus In Parm. VI, Steel 367, 50: »[...] le unum immultiplicatum ens omnem multitudinem substituit«; dazu die Marginalie 436.

[186] Proclus In Parm. VI, Steel 384, 8 ff.; dazu die Marginalie 480: »Ex uno multa, ex ente entia et ex uno ut multa, et nota quomodo probat«; 481: »Entium multitudo ex unitatum multitudine«.

[187] Zu »Seinsweise« vgl. De venatione sapientiae, adnotatio 8.

[188] Vgl. oben n. 36.

[189] Proclus In Parm. VI, Steel 383, 69–77; dazu die Marginalie 478: »Unum maxime comprehensivum, extra quod nihil, et post hoc ens, deinde vita, post intellectus«.

[190] Vgl. Proclus In Parm. VI, Steel 388, 45 ff.; dazu die Marginalie 490: »Punctum non habet partes dimensionales, sed non simpliciter impartibile tamquam nullam habens partem«; vgl. auch die Marginalie 491.

[191] Lateinisch: »exaltatum et expansum«. Hierzu vgl. Proclus In Parm. VI, Steel 367, 79 f.: »Ab omni enim exaltatum est le unum oppositione, supra omnem habitudinem superexpansum est«.

[192] Vgl. oben n. 30; ferner die Marginalien 31–32 und den beigefügten Proclustext.

[193] Vgl. Proclus In Parm. I, Steel 71, 14–18; dazu die Marginalie 28; ferner oben n. 7. 28. 30. 31.

[194] Vgl. De venatione sapientiae n. 19, 13–15.

[195] Vgl. oben n. 31,5: »omne enim, quod post unum est, uno participat«. Vgl. auch Proclus, Elementatio theologica 1: »Jede Vielheit hat irgend-

wie am Einen teil« (hierzu Plato, Parmenides 157c); ferner oben n. 35,5: »omnis enim multitudinis unitas principium«.

196 Vgl. oben n. 24; ferner Proclus In Parm. VI, Steel 360, 36ff. und die Marginalien 413: »Omnis deus unitas«; 414: »Omnes dii sunt unitates supersubstantiales et super multitudinem entium exstantes et summitates substantiarum«.

197 Über die Vorsehung spricht Proclus vornehmlich In Parm. IV, Steel 268, 41–274, 46; vgl. auch die Marginalie 308 (am oberen Rand des codex Cusanus 186, fol. 73v): »De providentia dei hic vide«. Zum Unterschied zwischen allgemeiner und partieller Vorsehung vgl. a.a.O. 273, 1ff.: »Sic enim utique [...] divinus intellectus habens causas omnium simul et substituit omnia et speculatur [...] Si autem intellectus hic quidem totalior, hic autem partialior, palam quod non eadem omnium intellegentia est, sed ubi quidem totaliora intellegibilia et indivisibilia, et cognitio totalis et indivisibilis, ubi autem in multitudinem et extensionem specierum processit numerus, ibi et cognitio una et multiformis«; zum graduellen Unterschied göttlicher Wesenheiten vgl. a.a.O. 268, 27ff.; a.a.O. VI, Steel 360, 44ff.; dazu die Marginalie 415. 416: »Quomodo differenter dii se habent a deo primo«.

198 Daniel 10, 13. 20f.

199 Apk 7, 2.

200 Proclus In Parm. III, Steel 168, 26–34; dazu die Marginalie 211.

201 Proclus In Parm. VI, Steel 381, 25f.: »Dicatur igitur le unum simpliciter deus, tamquam omnibus diis causa essendi deos«.

202 Vgl. De venatione sapientiae n. 21f.

203 Vergil Ecl. 3, 60; vgl. dazu die Einleitung.

204 Ilias II 204, zitiert von Aristoteles Met. 1076a 4.

205 Vgl. Mt 12, 25.

206 Mt 28, 18.

207 Vgl. Kol 1, 16.

208 Apk 19, 13.

209 Jo 1, 3.

210 Kol 2, 3.

211 Kol 1, 18.

# LITERATURNACHWEIS

1. Die Werke des Nikolaus von Kues sind zitiert nach der Ausgabe der Heidelberger Akademie der Wissenschaften, Felix Meiner Verlag, Leipzig (später Hamburg) 1932ff. (= h)

Im gleichen Verlag erscheinen im Rahmen der »Philosophischen Bibliothek« die »Schriften in deutscher Übersetzung« (= H); den neueren Ausgaben ist jeweils der lateinische Text beigegeben. Grundlage der vorliegenden zweisprachigen Ausgabe ist die nachfolgend angegebene Edition:

TU QUIS ES <DE PRINCIPIO>, Opera omnia h X 2b, ed. C. Bormann – A. D. Riemann, Hamburg 1988. – Stets konsultiert wurde:

Über den Ursprung, De principio, Deutsch mit Einführung von Maria Feigl, Vorwort und Erläuterungen von Josef Koch (Schriften des Nikolaus von Cues, Im Auftrage der Heidelberger Akademie der Wisenschaften hrsg. von Ernst Hoffmann), Heidelberg 1949, ²1967. –

Andere Ausgaben:

Nicolai de Cusa De principio, ed. M. Feigl – H. Vaupel – P. Wilpert, Patavii 1960.

D. und W. Dupré, Nikolaus von Kues, Philosophisch-theologische Schriften II, Wien 1966, S. 211–265.

Genannt seien auch die Drucke des 16. Jahrhunderts:

Nicolai Cusae Cardinalis Opera, Parisiis 1514, Nachdruck Frankfurt/M. 1962, II 1 fol. 7r–11v.

Hiervon abhängig ist die Ausgabe Basel 1565, S. 349–358.

Erwähnt sei die englische Übersetzung: Nicholas of Cusa: Metaphysical Speculations. Six Latin Texts Translated into English by Jasper Hopkins. Minneapolis, Minnesota, 1998, p. 129–149. Notes: p. 288–296.

2. Ausgaben des Parmenideskommentars (Proklos)

Procli commentarium in Platonis Parmenidem ed. Victor Cousin, Paris 1864, Zweite Nachdruckauflage 1980. Über die Ausgabe Stallbaum vgl. das Vorwort.

Lateinische Übersetzung des Parmenideskommentars:

Proclus, Commentaire sur le Parménide de Platon. Traduction de Guillaume de Moerbeke, ed. Carlos Steel. I–II, Leuven/Leiden 1982–1984 (vollständige Ausgabe der lateinischen Übersetzung; Bd. II enthält

auch die Marginalien des Nikolaus von Kues). Zuvor wurde der nur lateinisch erhaltene Schlußteil des Kommentars ediert:

Plato Latinus, vol. III: Parmenides usque ad finem primae hypothesis nec non Procli Commentarium in Parmenidem, pars ultima adhuc inedita interprete Guillelmo de Moerbeka, ed. Raymundus Klibansky et Charlotta Labowsky, Londinii 1953, repr. Nendeln/Liechtenstein 1973.

Zur lateinischen Übersetzung ist zu konsultieren:

Raymond Klibansky, Ein Proklos-Fund und seine Bedeutung (Sitzungsberichte der Heidelberger Akademie der Wissenschaften, philos.-hist. Klasse, Jahrgang 1928/29. 5. Abhandlung). Heidelberg 1929.

Proclus' Commentary on Plato's Parmenides, translated by Glenn R. Morrow and John M. Dillon with Introduction and Notes by John M. Dillon, Princeton 1987, $^{2}$1992.

Die Marginalien des Nikolaus von Kues zum Parmenideskommentar sind ediert in den Cusanus-Texten der Heidelberger Akademie der Wissenschaften (= CT):

Cusanus-Texte III. Marginalien, 2. Proclus Latinus. Die Exzerpte und Randnoten des Nikolaus von Kues zu den lateinischen Übersetzungen der Proclus-Schriften. 2.2 Expositio in Parmenidem Platonis, hrsg. von Karl Bormann, Heidelberg 1986. – Band 2.1 enthält die Marginalien des Nikolaus von Kues zur Theologia Platonis und zur Elementatio theologica, hrsg. und erl. von Hans Gerhard Senger, Heidelberg 1986. Der lateinische Proclus-Text ist in beiden Bänden jeweils mit den Hinweisen auf die griechischen Ausgaben beigegeben. – Zu anderen Autoren und Textausgaben sei auf die kritische Edition (h X 2 b) von 1988 verwiesen.

3. Aus der Forschungsliteratur seien folgende Werke erwähnt:

Maurice de Gandillac, Nikolaus von Cues. Studien zu seiner Philosophie und philosophischen Weltanschauung, Düsseldorf 1953 (grundlegende Überarbeitung der französischen Ausgabe: La philosophie de Nicolas de Cues, Paris 1942).

Kurt Flasch, Die Metaphysik des Einen bei Nikolaus von Kues, Leiden 1973.

– Nikolaus von Kues. Geschichte einer Entwicklung, Frankfurt a.M., 1998.

Klaus Reinhardt, Eine bisher unbekannte Handschrift mit Werken des Nikolaus von Kues in der Kapitelsbibliothek von Toledo, Mitteilungen und Forschungsbeiträge der Cusanus-Gesellschaft 17, 1986, S. 96–141 (auf diese Publikationsreihe <=MFCG> sei generell hingewiesen. Der erste Band erschien 1961; bis April 2001 liegen 26 Bände vor).

# VERZEICHNIS DER NAMEN UND WICHTIGEN BEGRIFFE

## A. Namen

(Die Zahlen bedeuten die Paragraphen und Zeilen des lateinischen Textes)



## B. Wichtige Begriffe

Philosophische Bibliothek Meiner

Heft 19: Die höchste Stufe der Betrachtung
(De apice theoriae) Lateinisch-deutsch.
PhB 383. 1986. XXVIII, 176 S. Kt.

Heft 1: Der Laie über die Weisheit
(Idiota de sapientia) Lateinisch-deutsch.
PhB 411. 1988. XXXVIII, 166 S. Kt.

Sichtung des Korans
(Cribratio Alkorani) Lateinisch-deutsch. PhB 420 a-c.
Heft 20a: Buch I
PhB 420a. 1989. XIX, 138 S. Kt.
Heft 20b: Buch II
PhB 420b. 1991. VIII, 111, S. Kt.
Heft 20c: Buch III
PhB 420c. 1993. XI, 150 S. Kt.

Heft 21: Der Laie über den Geist
(Idiota de mente) Lateinisch-deutsch.
PhB 432. 1995. XXVIII, 204 S. Kt.

Heft 22: Gespräch über das Globusspiel
(Dialogus de ludo globi) Lateinisch-deutsch.
PhB 467. 2000. XV, 178 S. Kt.

Heft 23: Tu quis es <De principio>
Über den Ursprung
PhB 487. 2001. XXVII, 77 S. Kt.

Felix Meiner Verlag
Richardstr 47 · D-22081 Hamburg · www.meiner.de